中陰成就無上密法

正念明鏡

The Mirror of Mindfulness
The Cycle of the Four Bardos

Tsele Natsok Rangdröl
策列那措讓卓大師 著

H. H. Dilgo Khyentse Rinpoche
頂果欽哲仁波切
前言

Ven. Tulku Chökyi Nyima Rinpoche
祖古確吉尼瑪仁波切
前言

Ven. Tulku Urgyen Rinpoche
祖古烏金仁波切
導讀

鄭振煌——中譯

埃里克佩瑪昆桑 (Erik Pema Kunsang)——英譯

Tsele Natsok Rangdrol

策 列 那 措 讓 卓 大 師

#【中文版推薦序】

欣聞臺灣靈鷲山道場翻譯並將出版偉大的策列那措讓卓（諸法自解脫）大師所寫的《正念明鏡——中陰成就無上密法》，這是一部凝聚新舊一切密續之意旨、彰顯所有中陰發展過程的深奧教授，我對於能夠將此書翻譯成中文深感讚嘆與隨喜。

更祈願透過出版此書，能夠讓眾生們體悟到種種的經驗都如夢境般毫不真實、不過是自心的顯現，並以如此毫無執著、超越思議的廣大自證，在未來能夠認識到中陰顯相的本質，不受幻象之因緣條件所束縛。

持噶千名者昆秋嘉稱
（第八世噶千仁波切）
西元二〇一六年三月二十日

༄ མགར་ཆེན་ཁྲི་སྤྲུལ་རིན་པོ་ཆེ།

His Eminence D. K. Garchen Rinpoche

༄། ཐེའེ་ཝན་བྱ་རྒོད་སྤྱུང་རིའི་ཆོས་ཚོགས་ནས་མཁས་གྲུབ་ཆེན་པོ་རྩེ་ལེ་སྣ་ཚོགས་རང་གྲོལ་གྱིས་མཛད་པའི་བར་དོ་སྤྱིའི་དོན་ཐམས་ཅད་རྣམ་པ་གསལ་བར་བྱེད་པ་དྲན་པའི་མེ་ལོང་ཞེས་པ་གསང་སྔགས་གསར་རྙིང་ཐམས་ཅད་ཀྱི་དགོངས་པ་སྤྱི་མཐུན་དུ་གྱུར་པའི་བར་དོ་མཐའ་དག་འཆར་ཚུལ་གདམས་ཟབ་འདི་ཉིད་རྒྱའི་སྐད་ཡིག་ཏུ་ཕབ་བསྒྱུར་ཞུས་འདུག་པ་ལ་བསྔགས་བརྗོད་དང་རྗེས་སུ་ཡི་རང་ཞུ་བ་མ་ཟད། གདམས་ཟབ་འདི་ཉིད་དཔར་སྐྲུན་བྱས་པ་ལ་རྟེན་ནས། འགྲོ་བ་རྣམས་ཀྱི་སྣ་ཚོགས་སྣང་བ་སྒྱུ་མ་ལྟ་བུ་འདི་དག་བདེན་མེད་རང་སྣང་དུ་ཤེས་ཤིང་འཛིན་མེད་རང་རིག་བློ་འདས་ཆེན་པོས་འདི་ཕྱི་བར་དོའི་མཚན་མའི་རང་མཚང་རིག་ཏེ་འཁྲུལ་པའི་རྒྱུ་རྐྱེན་གྲོལ་བའི་སྨོན་འདུན་ཡང་ཞུ་འོ།

མགར་ཆེན་མིང་འཛིན་དཀོན་མཆོག་རྒྱལ་མཚན་ནས།

ཕྱི་ལོ། ༢༠༡༨ ཟླ། ༣ ཚེས། ༢༠ ལ།

【中文版推薦序】

我非常樂見*The Mirror of Mindfulness*（《正念明鏡》）一書翻成中文出版。本書對於每一種中陰該有的行持與修為，都有精要的詮釋與開示，是一部具有深度的傑出之作。我推薦本書給有志修學佛法者，祈願本書對佛弟子們在中陰的學習與修持，有所饒益。

竹旺措尼仁波切

I am happy to hear this book has been translated into Chinese. This is a profound and excellent text about all the bardos and which practices to do when experiencing them. I recommend this book for all serious students of the Dharma. I pray it will be beneficial for their understanding and practice.

Drubwang Tsoknyi Rinpoche

【中文版推薦序】

四個中陰中，此生、臨終、死後、受生死亡之刻有四個方法，任持其中之一就可以超越輪迴，在禪宗講見地、體性、圓滿，在密宗是什麼時間用什麼方法、什麼現象相應什麼法而解脫。殊勝的大成就者都是引導我們離開生死輪迴，而能證悟空性殊勝的法教，這是需要福德因緣、善緣俱足，才有機會相遇學習，感恩這些聖者的法教，我們應該珍惜這些法教。

靈鷲山佛教教團開山和尚

釋心道

中文版推薦序

#【中譯序】

藏傳佛教最吸引人、最神秘、最容易產生誤解誤用的部分莫過於中陰教法。最吸引人是因為中陰教法解開死亡之謎，不管信不信，都不能否認它把死後的過程描述得非常生動，而且合乎邏輯。

最神秘是因為中陰教法言人所未言，如數家珍般道盡生死真相，智者如孔孟老莊、蘇格拉底、耶穌、穆罕默德、康德、愛因斯坦都未觸及這一塊。

最容易產生誤解誤用是因為法性中陰所出現的寂忿百尊，都是男女本尊交抱，被誤解為淫穢，被誤用為騙色誘拐。

其實，中陰教法總攝了佛法的大小乘教理，包括業果、輪迴、緣起性空、境無唯識、如來藏、慈悲喜捨、流轉還滅等法門。中陰現象離不開阿賴耶識、真如心的作用。接受佛法就可以接受中陰教法，更可以感受到它的無比威力。不懂佛法的人，或刻意曲解的人就另當別論了。不信中陰教法的人，錯過了如此珍貴的生命智慧，吃虧的還是自己。

二十多年來，我翻譯了五本中陰教法的書籍，也不斷學習闡述中陰教法，親見許多人從中獲益匪淺。去年五月下旬，我操勞過度，胰臟急性發炎，在病床上躺了七天，神智清楚，無憂無懼，應該是得力於學佛一輩子，尤其是薰習中陰教法，了知生死過程與解脫之道。

本書可當作生命手冊，指導我們每一個當下如何自在無礙，絕非玄論。

二〇一六年三月十日敬誌於新加坡淨名佛教中心

鄭振煌

目錄

前言

頂果欽哲仁波切（H. H. Dilgo Khyentse Rinpoche）

博學的策列貝瑪勒珠（Tsele Pema Legdrub）是大譯師毗盧遮那（Vairochana）的化身，他是雪域眾大導師的教證頂嚴，又名貢波廓倉那措讓卓（Kongpo Gotsang Natsok Rangdröl），學識淵博、德行賢善及意樂清淨三德無與倫比。

在他的五本文集中，我認為這本中陰釋論必能饒益一切有志修學佛法者。此論文句清晰易明，不重煩瑣冗長的學理詮釋，具足其證量上師口傳教誡的要點和椎擊。

為了幫助對佛法有興趣的外國人生起正信，本人老頂果欽哲鼓勵弟子埃里克佩瑪昆桑（Erik Pema Kunsang）把此論譯成英文。願世人能於此法寶（Precious dharma）信受奉行。

土龍年正月二十五日

前言

確吉尼瑪仁波切（Ven. Tulku Chökyi Nyima Rinpoche）

我選擇策列那措讓卓（Tsele Natsok Rangdröl）大師的《正念明鏡》（*The Mirror of Mindfulness*），作為一九八七年法會的法本，最主要的原因：死亡和輪迴（Samsara），對佛教徒和非佛教徒都非常重要和切題。藏傳佛教關於該主題的書籍很多，本書特別適合大家，因為它簡單易懂，具有清晰、準確、直接的風格。

頂果欽哲仁波切（H. H. Dilgo Khyentse Rinpoche）和祖古烏金仁波切（Ven. Tulku Urgyen Rinpoche）推薦我的學生研讀這本書，因此我決定把它出版。請仔細閱讀，用心體會。

一九八七年九月於尼泊爾博達哈那斯噶甯解行寺
（Ka-Nying Shedrup Ling Monastery in Boudhanath, Nepal）

英譯序

本書是*The Mirror of Mindfulness*（《正念明鏡》）[1]的翻譯，論述西藏大成就者熟知的中陰境界。策列那措讓卓大師（Tsele Natsok Rangdrol）除本論之外，還有二本有關大手印和大圓滿法（Dzogchen）的著作，總攝了金剛乘最深的口訣。讓英文讀者分享這些巨著是確吉尼瑪仁波切（Chokyi Nyima Rinpoche）的願望。

一六〇八年，作者策列那措讓卓大師出生於西藏貢波（Kongpo）和達波（Dakpo）的邊界。他被認證為竹巴噶舉（Drukpa Kagyü）廓倉巴（Götsangpa）大師的轉世和密勒日巴（Milarepa）大師的化身。在他年輕時，師從第三世帕沃仁波切（Third Pawo Rinpoche）、著名的伏藏大師賈桑甯波（Jatsön Nyingpo）尊者，以及其他噶舉派和寧瑪派的偉大上師。

以下有關策列那措讓卓大師的自傳材料，是頂果欽哲法王節錄自第一世蔣貢康楚（Jamgön Kongtrül）的淨相。根據此傳記，策列仁波切是蔣貢康楚大師的前世：

大譯師毗盧遮那預言他將轉世爲學識淵博的策列貝瑪勒珠那措讓卓（Tsele Padma

1 藏文全名是：*Bar do spyi'i don thams cad rnam pa gsal bar byed pa dran pa'i me long*（《正念明鏡：中陰總要詮釋》）

Legdrub Natsok Rangdröl）。他被認證爲丹增多吉（Tendzin Dorje）大師的轉世靈童之後，被迎請到他前世所創建的昌珠寺（Thangdruk Monastery）。他從師於岡格拉洛欽（Gangra Lochen）等眾多教證成就的大師，通達新舊各派顯密經論和口傳。他嚴持戒律，即使在準備薈供的食物時，也是用糖水代替，一生滴酒未沾。

大師晚年駐錫藏南德宗克謝（Deshek Tse）的巴里廓滄山洞（Palri Götsang）等地，圓滿證悟大手印與大圓滿。他的弟子包括岡波巴桑波多傑（Gampopa Sangpo Dorje）、龐亭卓傑米龐巴（Bomting Chöje Miohamoa）、陶貝瑪洛卓（Tau Pema Lodrö）等。

《正念明鏡》融合了這兩個傳承的中陰教授，把見地、觀想、實修的要點融入四種中陰，以適合學生的不同觀修水平。

本書教導讀者如何面對生死，以此生、臨終、死後、受生四種中陰為主題：

1. 此生自然中陰（The natural bardo of this life）
2. 臨終痛苦中陰（The painful bardo of dying）
3. 法性光明中陰（The luminous bardo of dharmata）

4.受生業力中陰（The karmic bardo of becoming）

藏文bardo一詞是什麼意思？它的字面意思是「中間狀態」（intermediate state）：眾生在無盡輪迴中，兩個事件之間的變化。

為了以開放的心態讀這本書，讀者應重新審視西方人從小被灌輸的唯物虛無主義（materialistic nihilism）世界觀，這也是大多數人視為理所當然的。如果您認為人類只是大自然意外產生的生物有機體，想方設法生存及繁衍後代，然後死亡，留下一具物質粒子的屍體，那麼您就沒有太多機會接觸靈性。一般人普遍有這種虛無主義的觀點。

另一方面，像釋迦牟尼佛（Buddha Shakyamuni）那樣的覺悟者，根據他們對生命和實相的非凡洞察力來教導眾生。這種智慧可以通過吾人的親身經驗來證明。佛陀開示，身體只是百代之逆旅，事實上是一個極佳的居處，但不如居住於身體的心識（相續的認知）那麼重要。

目前我們的心識暫時住在人身中。但是，這種情況只維持一段不確定的時間。這是第一種中陰：此生自然中陰。

我們的身體在出生之後，逐漸老死，但心識並不死。心識離開身體，進入沒有實體的游離狀態。這是第二種中陰：臨終痛苦中陰。

心識不是物質的和合，因此不會受到物質變化的影響。儘管如此，心識不像物理空間，它具有認知的能力。在第三種中陰狀態，法性光明中陰，心識是離開身體的，換句話說，沒有任何物質的支持。

這時心識是完全裸露的，僅呈現「法爾如是」的法性（Dharmata）。在這種狀態下，覺知力和體驗力比平時清晰七倍。因此，無論是混亂還是澄明的機會都會相應地增強七倍。此時亡者的根本心性，即法性，既有可能顯現為惡魔困擾的噩夢，也有可能顯現為本尊（Yidam）的光明淨土。

生前若未通達心性，就會產生分別，薰習於根本識中，在法性中陰（bardo of dharmata）的階段雖然不起現行，但不久之後業力又開始發揮作用，驅使亡者根據成熟的習氣尋找再生之身。這是第四種中陰狀態，受生業力中陰。

不久，亡靈進入新的身體（不一定是人類），回到第一種中陰狀態。

除非有情生為人身，並值遇善知識和正法，否則它會一直在四種中陰輪迴。此生中陰（bardo of this life）的主要目標是財富、權力、社會地位和名望，如果能認知這些世俗成就在通過其他中陰時萬般帶不去，它們就顯得一文不值了。

但是，《正念明鏡》不只教導世間法毫無意義的深奧教義，策列那措讓卓大師更根據傳承上師的口傳心要，開示四種中陰的修持法要，如何利用各種情況當下自解脫。

佛陀教導我們，以下的條件可以解脫輪迴和成就佛道、自利利他：暇滿人身（free and well-favored human form）、值遇證量上師、得到口訣、通過實修應用到生活中。本書總結了這些口訣，並為個人修行提供實修教法。

一般讀者可能會在本書發現一些不尋常的術語，因為作者修持無上甚深妙法，為了利益其他修行者而撰寫本書。因此，本書所使用的文詞須由具量上師予以詮釋。書尾附有藏文音譯的詞彙解釋，希望對讀者有所幫助。

有幾本關於四種中陰的英文書，我誠意推薦給大家：

《智慧之雨》（*The Rain of Wisdom*），在丘揚創巴仁波切（Chögyam Trungpa）指導

下，由那爛陀翻譯小組翻譯（香巴拉出版社，一九八〇、一九八八年出版），涵蓋此生自然中陰的大部分教法。

《西藏度亡經：中陰聞教大解脫》（*The Tibetan Book of the Dead: The Great Liberation through Hearing in the Bardo*），Francesca Fremantle和丘揚創巴仁波切翻譯和註解（香巴拉出版社，一九八七年），涵蓋後三種中陰教授。

《大手印和大圓滿雙運》（*Union of the Mahamudra and Dzogchen*），確吉尼瑪仁波切著，一九八五年研討會紀錄（壤炯耶喜出版社，一九八六年出版），涵蓋四種中陰教授。

致謝

一九八七年十月位於博達哈那斯（Boudhanath）的壤炯耶喜學院（Rangjung Yeshe Institute），舉辦第七次年度秋季佛教理論和實踐研討會，這便是本書翻譯的緣起。

在頂果欽哲法王的建議下，祖古確吉尼瑪仁波切希望使用《正念明鏡》，作為他系列講座的基礎法本，所以我承擔了翻譯的工作。在潤飾的過程中，我們依照祖古烏金仁波切和確吉尼瑪仁波切的口訣，澄清文中的模糊處。

我非常感謝這些上師與付出時間精力的朋友們，特別是內子Marcia Schmidt 比對了藏文文本，Judy 和Wayne Amtzis 進行編輯，Ani Lodro, George MacDonald, Andreas Kretschmar, Bo Colomby 和Donna Holley 給予寶貴的建議。

埃里克佩瑪昆桑

一九八七年九月於尼泊爾博達哈那斯噶甯解行寺

導讀

不少西方人驚訝為什麼西藏上師描述死後的中陰狀態那麼恐怖驚險，同時出現強光、色彩、聲音，因為西方催眠師做的研究顯示，死後的經驗非常愉悅，沒有任何不適或困苦。在回答時我問：「催眠狀態下的人實際上死了嗎？」不，當然他們沒死，他們還在呼吸，亡者可是沒有呼吸的。那些被催眠者只是一種模擬狀況，只有模糊的死亡記憶，並非真實、親身的經驗。

本書作者策列那措讓卓大師（Tsele Natsok Rangdrol）學識淵博證量卓越，聲望直比龍欽巴尊者（Longchen Rabjam）和米龐仁波切（Mipham Rinpoche）。他又名廓倉巴（禿鷲巢居者），因為他長期在偉大的竹巴噶舉派廓倉貢波多傑（Götsang Gönpo Dorje）上師駐錫過的岩洞、深山等處閉關。這使他獲得甚深的證量成就。他是一位偉大傑出的上師，精通西藏佛教各派的傳承教法，特別是噶舉派和寧瑪派的教法。他對八大實修傳承及輪迴、涅槃的教法了若指掌。此外，他還造有「大手印」和「大圓滿」法等著作。

對於中陰狀態的解釋和論述數量極多，只有本文最為清晰和簡潔。飽學之士既可以進一步發揮，白丁也可以輕易理解。大師的其他著作，無論是大手印或大圓滿法，都具有同樣特質，十分殊勝。

佛法可分經律論，本書屬於論，探討中陰教授。論是用來解釋經和律的。此外，本書是指導手冊，不是哲學論文，因此更為通俗易懂。

為什麼人們必須瞭解中陰狀態？通常，我們談論三個方面：今生、中陰、來世。中陰身（bardo state）結束之後的來生，要麼輪迴於善惡趣，要麼解脫開悟。中陰身介於今生和來世之間。

有時中陰分成六種來討論，但也可以濃縮成四種。第一種是此生自然中陰，從出生到死亡。第二種是臨終痛苦中陰，從罹患絕症或遇上其他死緣，到最終死亡。第三種是法性光明中陰，屬於完全死亡後的階段。第四種是受生業力中陰，如果在法性光明中陰沒有認識本性，就會進入這個階段。

除了這四種中陰，今生還會有另外兩種中陰：禪定中陰（the bardo of meditation）和睡夢中陰（the bardo of dreaming）。禪定中陰是禪修過程的經驗，睡夢中陰是睡眠過程的夢境。

藏文「此生中陰」（the bardo of this life）的字面意思是「出生與住世」，從母胎出生到過世之前，介於生與死之間。這時最為重要的工作：白天依照上師口傳修習禪定中陰，夜間修習睡夢中陰。如果不分晝夜都可以安住於禪定中陰，還需要擔心其他中陰狀態嗎？善巧禪定中陰和睡夢中陰就夠了。但如果沒有某種程度的禪定力和夢境識別力，我只能抱歉的說，臨終痛苦中陰是免不了的。

反之，一位有證量的大圓滿實修者，他可以在臨終中陰（bardo of dying）時融入自性明光而解脫。他的神識經由金剛薩埵秘密道（Secret Pathway of Vajrasattva）離開身體。如果這時亡者沒有定力，就會進入法性中陰，自然的聲音、色彩和光明會顯現。法性的意思是自然和非因緣生。聲音、色彩和光明是非因緣生的，它們是無自性的顯現。如果在法性中陰缺乏定力，亡靈將進入受生中陰（bardo of becoming），繼續輪迴六道。

像我剛剛提到的，在死時融入自性明光得解脫，是最理想不過的。臨終中陰，亡者將經歷顯現、增長和證得三個過程：第一個經驗是遺傳自父親的白明點（whiteness）下降時出現白顯現；第二個經驗是遺傳自母親的紅明點（redness）上升時出現紅增長；第三個經驗是紅白明點在心輪會合，這是真正的死亡時刻。

隨著第三經驗出現的是第四經驗，稱為「究竟成就的地光明」。經文說：「然後進入樂空的法爾醒覺。」這種醒覺既是空也是樂，如果能認識它，就證得樂空大手印、覺空大圓滿、顯空大中觀。

然而，隨著白顯現、紅增長和黑證得三種經驗，我們的心識（又稱氣心）大多會在紅白明點相會於心輪的黑暗經驗中昏迷過去。

對於博地凡夫而言，這段無意識的時刻只是模模糊糊，大多會持續三天半時間。到第四天早上，好像混沌初開、天地一分為二，地光明突然出現。由於亡者失去覺性，昏昏迷迷，無法注意到眼前發生了什麼事情，所以會懷疑：「到底發生什麼事了？」

一般來說，這段時間是三天左右，但實際上久暫不一。對於熟悉禪定的人來說，安住在心性、遠離散亂的定境多久，這段時間就有多久。對於那些沒有認知心性禪修經驗的人們來說，這些「天」一閃即過；對於善惡參半的人們來說，這段時間持續約三天。

對於絕大多數眾生來說，此時並未證得第四經驗「究竟成就的地光明」，又陷入無意識狀態。相當多的亡者會感到劇痛和恐懼死亡。一聲痛苦的呼喊之後，又失去意識。

三天半後，亡者恢復意識，丈二金剛摸不著頭腦：「我到底怎麼了？」然後神識從身上的八或九竅之一離開。很奇怪的是，沒有實體的神識，必須經由身體的某一竅離開。

如果神識是通過頭頂離開的，就往生天道或邁向解脫道。事實上，頭頂有幾個竅：一個通向無色界，另一個通往色界，還有一個通向淨土。

當神識和肉體分離以後，便進入受生中陰（the bardo of becoming），隨業投生六道。

根據噶林寂忿教法（Karling Shitro），四十九天內會有很多情況發生：第一週出現寂靜本尊（peaceful deity），第二週出現忿怒本尊（wrathful deity）等等。事實上，四十九天並非定數。有些人一閃即過，其他人慢慢發生各種情況。時間和狀況因人而異。

另一方面，修持有成的人，當明亮、生動的白明點現起時，他會認知到「這是白顯現！」當紅明點現起時，他知道「這是紅增長！」最後，當一切都變黑暗以後，他能了知「這是黑證得（blackness）！」

在這三個經驗之後，當「究竟成就的地光明」像瓶中燈一般顯現時，他也可以認知。起初，當八十性妄（eighty inherent thought states）不起現行時，會有一剎那間的昏厥。此時，像瓶中燈一般的無分別智出現。它是覺、空、定的明空雙運，就像母親一樣的地光明。換言之，法性、本覺和如來藏（Sugata-essence）有如母親；依上師教導認證它有如兒子。這時母子重逢。傳統比喻這就像「兒子投入母親的懷抱」。有中陰修行經驗的人會明白其中關鍵，一切都如教法所說。

生前修行的重要點是認識覺性。我們常聽到這些話：「明心見性！」或「他已經見性（認知本覺）！」見性之後就要保任，安住在覺性中不散亂。死後在八十性妄不起現行時，本覺會清晰的呈現，純淨得像精煉的黃金，毫無雜質。中陰教法說，此時亡者可以徹頭徹尾的認識本性。

這一刻就是中陰教法所說的「剎那即永恆、頓悟」。在認識（地光明）的那一刻，亡者就覺行圓滿了，所謂「上根者在死亡的剎那成就法身佛」。

如果不能如此認知本性，那麼法性中陰將接著顯現。在四大和五根識（Five sense consciousnesses）融入虛空以後，依次虛空融入光明（space dissolving into luminosity），光明融入智慧，智慧融入一如（寂靜和忿怒本尊），一如融入自顯（personal experience）。

自顯是指本自清淨的心性。有人會疑惑：「這些寂忿尊和光明是從哪來的？」他們來自本心的覺性。修持頓超或在法性中陰時，許多寂忿尊會顯現。這些本尊就是法性，不是因緣生的，而是法爾如是的，無血無肉，唯有虹光。法性中陰的關鍵是不論發生什麼，只要安住在覺性中，用般若的正念接受一切現象，不要讓覺性中斷。否則，法性中陰剎那即逝。

第十五世噶瑪巴卡恰多傑的兒子（the Fifteenth Karmapa Khakhyab Dorje）頓色將巴仁波切（Dungse Jampa Rinpoche），早年修持並不勤奮，但他有噶瑪巴的血脈，想必是天生利根。他也是蔣貢仁波切（Jamgön Rinpoche）（第二世貢珠）的弟弟。在拉薩工作時，他患重病，幾乎作古。經過醫療，他在哥哥蔣貢仁波切的面前甦醒過來，就從哥哥那兒得到口傳心法，遣除一切疑惑和邪見。在他圓寂前的幾個月期間，勤奮修持，增強他的見性功夫，最後在心性的體證中往生。

在他往生前三天，他對蔣貢仁波切說：「如果我現在往生，也不會有任何障礙。中陰境相絲毫不會傷害到我。」蔣貢仁波切後來告訴我：「他一生從政，修行較少，但在臨終前幾個月精進修持，使他得到極大的善果。」

中陰教法聽起來非常迷人和豐富多彩，但關鍵點是現在就要修持。病了如果不吃藥，為什麼要拿藥呢？沒有實修，學習只是知識的理解。如果學習就夠了，大可躺下來讀一本有關大圓滿的書籍。事實上，除了實修別無選擇。

噶林寂忿教法說，為臨終者大聲朗讀《中有教授聽聞解脫密法》（*The Liberation through Hearing in the Bardo*），是為了提醒生前有修行的人。這是絕對必要的。最重要的是誦讀者與往生者關係十分親近，同願同行。如果亡者對誦讀者生起瞋心，將毫無利益可言。兩人最好親近同一上師，且關係融洽，則會得到巨大的利益。

反之，生前沒有修持認知心性的教法，中陰身就不可能穩定。一個從未見性的人，首先無法克服死亡的恐懼和痛苦，然後，當強烈的聲音、色彩和光顯現時，他將因恐懼而癱瘓。這時，聲音巨大如十億個雷響的怒吼，光比十億個太陽還炫目，而不只是一個朦朧的、若隱若現的光。這些是法性中陰的聲音、色彩和光。

伴隨著這種鋪天蓋地的顯現，一些簡單、溫暖和舒適的聲音、色彩和光也出現，引誘亡者進入六道輪迴。人們常常會被引誘。因此，生前就要通過修行來達到某個程度的穩定性。

那些沒有修行的人也能從中陰教法得到利益。有一位住在藏東果洛地區的老太太，就是最好的例子。某次她邀請一位喇嘛到家裡做法事，看到一幅寂忿百尊的唐卡，驚叫地說：「這尊可怕的空行是誰啊？人身蛇頭！」喇嘛回答說：「不要怕！她是法性中陰寂忿百尊最後出現的蛇首空行母（Dakini）。她是你的俱生本尊。」後來，老太太死了，經歷各種中陰的恐怖境相。最後，蛇首空行出現，抬起像須彌山（Sumeru）一樣大的頭，伸出舌頭在虛空中盤旋。這時，老太太認出這位本尊，她想：「她一定是喇嘛提過的蛇首空行！我要皈依她！」故事的結局是老太太被引導，走上解脫之路。因此，對於普通人來說，聽聞中陰教法顯然是有利益的。

在西藏東部有這樣一個傳統，人死後的四十九天以內為死者大聲誦讀《中有教授聽聞解脫密法》。很多人家會請上師在家裡住七週供養，每天為亡者大聲誦讀經文一遍。這樣亡者會獲得極大的利益。

同樣十分重要的是，對中陰教法要有強大的信心，發願在中陰階段保持清醒，以便認知當時發生了什麼。信心要十足，否則會失去所有機會。

如果能從證量上師得到直指心性的教授，是最好不過的事了。中陰身要想得度，必須在死時運用生前的心性修習。只有修行才能遣除中陰身遇到的迷亂。這就是為什麼當下要修生起次第（development）和圓滿次第（completion stage）。認知到這一點，就可以用熟練的修行來應對死亡。

金剛乘的精深善巧，不會無中生有或漠視事實。本尊是我們心性的本覺所生；他們本來就在，他們是眾生的自性本具。中陰教法說：「在本自清淨的心性中，顯現自發性的覺醒。」本自清淨的心性就像一面鏡子，而自發性現前的覺醒就像鏡子中的影像。這就是目前要修生起次第的主要原因。

有人說：「真的需要修生起次第嗎？它完全是虛構的！」死後，當心性自發性現前時，就會明白什麼是妄，什麼是真。

接受中陰教法歷來稱為「修復破裂的水管」。現在就修行，可以把修行之「流」延續到中陰身以至下一生。在大圓滿系中，中陰修持是不可或缺的。如果我們已經圓修頓超法門，就沒有必要依靠中陰教法了。

然而，在我們這個時代，生命短暫，疾病很多，眾生放逸懈怠。儘管我們已經踏入大圓滿之門，若修持沒有達到一定的穩固，不知道什麼時候死亡會突然降臨，那麼我們絕對需要一個「修復破水管」的教法，才能夠在中陰身證悟，往生清淨佛國，或至少在來世得生善趣。因此，這些都必然是不可或缺的教授，尤其是遇到橫死的時候。

中陰教法就像引導盲者往正確的方向走，修習時一定要具足信心，毫無疑惑。否則，將迷失方向。有信任，才能抵達目的地。策列那措讓卓大師的言教不虛不誑，他是根據密續和口傳來撰寫本論的，絕非杜撰。

最後，也是非常重要的，完整的中陰教授必須由口傳派的證量上師給予。

一九八七年九月祖古烏金仁波切於尼泊爾那吉寺

（Nagi Gompa, Nepal）

前言

南無咕嚕貝！
頂禮上師尊！
法身無始二清淨，
始淨本淨元具足。
報身五智法爾光，
無礙顯現寂忿尊。
化身無量應機現，
如意方便度有緣。
上師不離三身佛，
頂禮自性曼陀羅。
輪涅顯有本淨體，
不生不死無苦樂。
無明眾生實可愍，

迷亂虛妄苦無盡。
修持傳承諸上師，
闡揚中陰無上法，
深廣教授得心要，
無量方便度眾生。
愚昧如我何須言，
所說豈能過往聖？
僅述傳承眾教言，
應汝智者殷勤請。

一般情況下，一切眾生從最初的不覺到最終的究竟覺，都處於中陰狀態。所以，因地和修道過程的一切諸法都可稱為「中陰」。儘管如此，一般人總是把中陰視為可怕的「中陰身」。寧瑪派的《中有教授聽聞解脫密法》及其他法本把中陰分成六種。其中，三昧禪定中陰不被後世某些學者所接受。但是，如果輪迴和涅槃的一切現像都有中陰的性質，為什麼不能把禪定狀態也稱為「中陰」呢？

密勒日巴尊者教授給空行母策仁瑪（Tashi Tseringma）的*Crossing the Dangerous Pathway of the Bardo*（《穿越中陰險道》），也隨順傳統講六種中陰。特別是，他對三昧禪定中陰的定義，與*The Liberation through Hearing in the Bardo*（《中有教授聽聞解脫密法》）並無差別。因此，新舊派都持相同見地。

大體上，一切根本經典對於中陰的定義和指導不盡相同。例如，有的說三種中陰：此生自然中陰、臨終痛苦中陰、法性光明中陰；有的說四種中陰：自性身中陰、法身中陰、報身中陰、化身中陰；又有的說六種中陰：此生中陰、睡夢中陰、禪定中陰、臨終中陰、法性中陰、受生中陰。

因此，我將根據自己熟知的中陰教法進行解釋。為了方便讀者理解，我將融合新舊派的要點，分為以下四點解說：

1. 此生自然中陰
2. 臨終痛苦中陰
3. 法性光明中陰
4. 受生業力中陰

每點將通過以下方式解說：

A. 辨別它的體性
B. 詳解顯現方式
C. 指出教授實用

1. 此生自然中陰

辨別此生中陰的體性

什麼是「此生中陰」？始自母胎受孕，終至到死亡。

詳解此生中陰的顯現方式

此生中陰如何顯現？如何被體驗？它的顯現根據修行者是否證悟而有所不同。也就是說，上根者的正依報都像壇城法爾圓滿，因為上根者把所見所聞當成本尊和真言。由於他們的思想出自法性，所以一切顯相都具有三身（three kayas）的性質。它是本初，法爾顯現，最終又解脫於本初。這種狀態稱為「顯相和存有的無漏清淨」（all-encompassing purity of appearance and existence），也稱為「盡所證量智慧輪」[2]。帕咖卓（Pal Khachö）等上師稱為「自性四身中陰」、「法身中陰」等。上述三昧禪定中陰已包括於此，故不必另外解釋。

2 薩滿祖古（Shamar tulkus）之一，薩滿咖卓旺波（Shamar Khachö Wang Po）。

無明凡夫沒有證悟這一點，就會被天生的習氣、壞習慣、迷亂經驗和強烈自性執所控制，直至老病死。他們以假為真，以無常為常，以苦為樂，執著不已。他們虛度此生，只追求虛妄無義利的世間八法[3]，打擊敵人、保護親友、愛護自己、瞋恨他人、失意不滿、囤積守護資財、成家立業、照料牲畜。由於這是大多數人的經驗，「此生自然中陰」並沒有超出這些描述。晚上睡覺像死屍般愚蠢，絲毫記不得口訣，有如散亂的畜生。此外，夢中加倍迷亂，讓睡夢習氣中陰也彷彿此生中陰。《寶生經》（*The Sutra of the Noble Source of the Precious Ones*）說：

執著邪思維，
眾生陷輪迴。
修者心安止，
當見如來性，
圓證涅槃樂。

因此，證悟與未證悟有天壤之別。

3 世間八風：得、失、苦、樂、稱、譏、毀、譽。

指出此生中陰的教授實用

寧瑪派的口訣說，修行者應像燕子回巢[4]一般，聽聞正法、如理思維，以斷除他們對佛法的疑惑及不正見。如何才能做到？首先要親近善知識，用真誠的身語意，承事上師。其次，如法接受波羅提木叉戒、菩薩戒和三昧耶戒；這些是佛法的基礎，也是修行道上的生命支柱，必須持戒精嚴，不容許有些微的違犯或退墮。

修行者要斷除所有宗派的門戶之見和愛執，毫無偏袒的聞思顯密教法。一旦誤入歧途，執著學識豐富，頂多只是世智辯聰，並未通達實義。因此，修行者要牢記所學並身體力行。光是上師的口傳，就已經是一切聞思的根本，修行者要毫無疑慮的全盤了解。

披尋文句等於浪費生命，因此要徹底斷絕執著和人際關係，在深山閉關修行。然而，與山裡的鳥、鹿等動物不同的是，修行者要以身、語、意精進修習善法。讓自己沒有理由後悔，具足信心片刻都不墮入平凡、懈怠、不如法。

4 燕子開始時小心翼翼，當牠斷定沒有敵人時，就毫不懷疑和猶豫的飛回巢。

雖然修行者可能已了知空性，但還要深信因果不爽、善惡業力，奉行佛陀言教，解行相應。

特別強調的是，一切中陰都以此生中陰為關鍵，如果已得暇滿人身還不修行上路，大限來臨就後悔莫及。誠如鄔金仁波切（Orgyen Rinpoche）所說：

平日不燒香，
臨時抱佛腳，
死後倍慌亂，
悔恨已太晚。

因此，我們必須當下就開始修行。根據個人的因緣業力，修持口傳的法門，讓生命獲得成就和解脫。首先，要接受各種次第的完整或方便灌頂。

現今五濁惡世，大多數上師舉行的灌頂儀式，很少符合密續和大持明（Vidyadhara）歷代祖師的傳統。很多喇嘛舉行的灌頂是為了聚斂財富、利益和名氣。同樣的，弟子請求灌頂，也只是為了防止疾病、著魔的臨時危害，或為了名聲、交友、消遣、滿足好奇心。此外，因為缺乏清淨的信心，因此，連一點點的灌頂本質都得不到。總之，上師和弟子參加這類欺騙、兒戲、鸚鵡學語式的灌頂，對於成熟心性毫無幫助。

當真正的容器遇到甘露時[5]，是否將表法的灌頂物放在弟子頭上，其實並不重要。當灌頂本質的智慧在心中生起時，就是獲得了究竟真實的灌頂。例如，當那洛巴（Naropa）被帝洛巴（Tilopa）用鞋子打昏，甦醒過來時，他得到灌頂的本質。又如，大譯師毗盧遮那接到大班智達吉祥獅子（Shri Singha）賜予的蘋果時，便獲得全部的大圓滿覺性灌頂。此外，還有科敦索南喇嘛（Kyotön Sönam Lama）授予馬吉拉炯（Machik Labdrön）灌頂的故事，以及無數成就者（Siddha）傳記的例子。重點不在是否獲得某個灌頂，而在這個灌頂是否使心性成熟。

關於真實的解脫教授，如果只簡單列舉一些辛苦求得的教法，心識肯定是不會解脫的。汗牛充棟的證據顯示，如此的列表，絲毫減少不了煩惱、我執和貪著。因此，切要如法精進修行，或至少對文字般若有信心。

簡言之，雖然確實有無數不同的教授，「那洛六法」（the Six Doctrines）或「道果」（the Path and Result）的修行者要精進修持拙火（tummo），因為它是道的命根。修行者

5 「真正的容器」象徵合格學生，「甘露」代表正法。

觀修住脈、氣、明點[6]，重點要放在樂空雙運，這是法爾俱生智的無上道。因此，修行者要全力修法至圓滿的境界，將四大假合的色身（Rupakaya）轉為清淨的虹身，並在今生成就色身與虹身雙運，這二身在法身的自性虛空中是一味的。

大圓滿法可分外心部（the Outer Mind Section）、內界部（the Inner Space Section）、密訣部（the Secret Instruction Section）、極密無上部（the Innermost Unexcelled Section）；還有無數的其他分類，如無上心要部（Ati Section）、無上心要總持部（Chiti Section）、心中心要部（Yangti Section）。簡言之，一切要點可含攝於覺空雙運（the union of awareness and emptiness）的立斷法（the Trekchö practice of appearance and emptiness）和顯空雙運（union of appearance and emptiness）的頓超法（the Thogal peactice of appearance and emptiness）。修行者不論從學於口傳派或伏藏派，首先要從傑出的上師獲得圓滿教授。然後到無人居住的地方，摒除九種活動，隔離輪迴和涅槃。如果日以繼夜的修行，即使一刻也不讓修行和日常活動混淆，就可即身證悟普賢法身（dharmakaya state of Samantabhadra）。

6 脈、氣、明點之梵文為 nadi, prana, bindu。

修行者的根機可以分為上、中、下九品。上上根的修行者，在獲得教授時，馬上就解脫，猶如蛇身上的結自動解開；大持明噶拉多傑（Vidyadhara Garab Dorje）即是。上中根的修行者，在臨終一切顯相融入法性時解脫，像雪花飄落在湖中一樣；成就金剛虹身的妙吉祥友（Manjushrimitra）、吉祥獅子（Shri Singha）、無垢友（Vimalamitra）、蓮花生（Padmakara）等大師即是。上下根的修行者，必須經過長時間精進修行，無明習氣逐漸減少，色身在光身中得解脫，像冰溶化成水一樣；證得他方世界頗哇法（Khachö）[7]的囊溫丹增桑波（Nyang Wen Tingdzin Sangpo）、傑尊僧格旺秋（Chetsün Senge Wangchuk）、洛龐囊頓（Lobpön Nyangtön）兄弟等大師即是。

總之，所有究竟成就大手印（Mahamudra）、大圓滿（Dzogchen）、道果（Lamdre）、六合和（Jordruk）、能寂（Shije）、施受法（Chöd）[8]等法門的修行者，今生就已經解脫，不用經歷後面的中陰狀態。這是成就此生中陰的證量。然而，在當今的新舊兩派中，這樣

---

7 死時不留下色身而直接解脫往生佛土的能力。

8 由偉大的上師，如蓮花生大士（Guru Rinpoche）、毗盧遮那（Vairochana）、無垢友（Vimalamitra）、馬爾巴（Marpa）、瓊波那卓（Khyungpo Najor）、阿底峽尊者（Atisha）、卓彌譯師（Drogmi Lotsawa）、鄔金巴（Orgyenpa）、帕當巴桑傑（Phadampa Sangye）及馬吉拉炯（Machik Labdrön）傳入西藏的不同傳承教法。

的修行者已經少之又少了。

修行不可懈怠懶散，無論是大手印或大圓滿，都要集中精力修持其心要，在夜間修持睡夢及光明的相關教法，在兩座實修之間的休息時間修持幻身（illusory body）和中陰教法，在修行開始要觀想本尊，在結束時要迴向和發願。

總之，修行者要避免三門放逸散亂。尤其是從此刻起，要牢記和熟悉其他中陰教法的修持。這是新舊各派共同開許的重點。

結頌

雖得暇滿人身，
資糧似如意寶，
親近證量上師，
聽聞無上正法，
眾生沉迷輪迴，
成道寥若晨星。

身如沙堡危脆，
心如稚童無知，
今生若不了悟，
徒然學富五車，
難出輪迴苦海。
暇滿依舊懈怠，
死主（Lord of Death）必當來時，
痛苦追悔莫及。
此生中陰恰似，
瘋子飲鴆止渴。

2. 臨終痛苦中陰

臨終痛苦中陰的解釋亦分三個部分。

辨別臨終中陰的體性

臨終痛苦中陰始於導致死亡的疾病，終至法性中陰的真正光明生起。[9]一般中陰教法，把法性光明的顯現包含在臨終中陰裡。然而本文將遵循大圓滿法脈，此處只介紹臨終中陰。法性光明中陰將在下章介紹。

上等根基的修行者（如上所述）即生就可成就，不需要經歷其餘的中陰。大圓滿法說：

上根修行者圓寂時，身心融入法身的空性中，有四種方式：

1. 如瓶子破裂，內外虛空融爲一體。
2. 如薪盡火滅。
3. 如持明圓寂，虹光遍滿虛空。
4. 如空行母不留色身而圓寂。

---

9 諸新派稱法性光明為第一個中陰，本書則當作四中陰的第三個。

以上四種方式不對消融次第（dissolution stages）詳細解釋。又說：

中根修行者有三種圓寂方式：

1. 如幼兒，死時不分別死或不死。
2. 如乞丐，死時不畏懼周圍環境。
3. 如獅子，死在無人的雪山，不執著周圍環境。

在以上的圓寂方式中，修行者具足證悟的信心，不需要依賴他人的提醒。

詳解臨終中陰的顯現方式

對下根修行者和凡夫來說，有以下三點：

1. 闡述大（elements）、根（faculties）、識（sense-bases）的外分解。
2. 闡述粗細意識（gross and subtle thoughts）的內分解。
3. 闡釋頗哇法（phowa）的口訣。

大、根、識的外分解

通常來說，人的身體最初由五大（five elements）組合而成，然後藉五大而存活，最後因五大的分解而死亡。

死時，業風逆轉而上，控制一切風息（Prana），五輪脈結（five chakras）全部分解，五風開始消失。

外、內、密五大依次分解。分解過程在《大圓滿密續》（*Dzogchen tantra Rigpa Rangshar*）[10]裡有詳細闡述，怕文辭太複雜，此處就不做仔細的闡述了。現將新舊派教義的要點濃縮，解說如下。

當平住氣消融時，身體無法消化食物，熱氣開始從四肢末端收攝。持命氣消融時，意識變得不清楚而混亂。下行氣消融時，大小便失禁。上行氣消融時，無法吞咽食物和喝水，呼吸變短。遍行氣消融時，四肢不能動作，血脈萎縮。

---

10 藏文拼音為：*Rig pa rang shar chen po'i rgyud*。見於頂果欽哲仁波切所著《寧瑪巴十萬續》（*The Hundred Thousand Nyingma Tantras*，藏文拼音：*Rnying ma rgyud 'bum*）。

脈輪的瓦解從臍輪開始，然後支撐氣消失，地大融入水大。這些發生時，外徵相為體力喪失，脖子不能支持頭顱，腿無法支持身體，手連一盤食物也不能端，臉相變醜，牙齒出現汙漬，口水和鼻涕不能控制。隨後，內徵相為頭腦極其沉悶模糊，使人進入極其抑鬱的狀態。臨終者雙手縮回，拉扯衣服，哭喊著：「扶我起來！」試圖往上看。此時，密徵相為海市蜃樓。

隨後，心輪分解，發光氣消失，水大融入火大。外徵相為口乾舌燥，鼻孔收緊，舌頭扭曲僵硬。內徵相為心變得迷茫、緊張、煩躁。密徵相為煙霧朦朧。

然後，喉輪分解，精煉氣消失，火大融入風大。外徵相為呼吸讓口鼻感覺冷，體溫消失，霧氣流出，熱氣從四肢內縮。內徵相為心有時清醒有時糊塗，不能清晰辨認外物。密徵相為紅光閃爍猶如螢火蟲。

然後，密輪分解，業氣消失，風大融入識大。外徵相為呼吸急促發出聲音，出息加長入息困難，雙眼上翻。內徵相為意識茫然，見到各種幻相，作惡者看到死主現前，恐懼不安，驚慌失措，臉部扭曲，叫喊哭號。行善者看到勇父（dakas）和空行母（dakinis）前來接引等瑞相。密徵相為燃燒的火炬。

當五大和五根氣消融時，五支氣也隨之自行消散，使五根和五識依次消融。由於眼、耳、鼻、舌、身五根敗壞分解，使臨終者無法識別色、聲、香、味、觸，混淆諸境相，無法分辨其性質。

之後，識大融入空大，外呼吸停止。這時，身體顏色變淡並消散，僅僅在心間還有一些微弱的溫暖。《中有教授聽聞解脫密法》等法本說，此時以前的一切徵相為「死亡共相」。在這一個分界點，有些死於疾病或惡魔的人會復活過來。

粗細意識的內分解

此後，沒有眾生再能恢復生命，死者將經歷粗細意識的分解。《時輪金剛根本密續》（*Kalachakra Root Tantra*）如此描述：

> 眾生身壞命終時，
> 甘露月輪往上升，
> 塵蝕日輪往下降，
> 亡靈解脫或輪迴。

據此，當三毒（three poisons）所生的八十性妄不起作用時，隨著顯現心、增長心、證得心的消融，將顯現白相、紅相、黑相。這時，白相或紅相何者先顯現，並不一定。此處，將依照時輪金剛（Kalachakra）的教授闡述。也就是說，擁有色身的眾生，其中脈的最上端，即頂門處，有遺傳自父親的白明點，它具有相對及因緣的本質，形狀像白色種子字「杭」。由於上行氣的消散，使得白明點沿著中脈下降。亡者將覺受到月光般的白色，同時，由瞋所生的三十三種性妄悉得遮止：

①離貪　②中離貪　③極離貪　④意行　⑤意去　⑥憂苦　⑦中憂苦　⑧極憂苦
⑨寂靜　⑩尋思　⑪怖畏　⑫中怖畏　⑬極怖畏　⑭貪求　⑮中貪求　⑯極貪求
⑰近取　⑱不善　⑲饑　⑳渴　㉑受　㉒中受　㉓極受　㉔作明者
㉕明基　㉖妙觀察　㉗知慚　㉘悲憫　㉙慈　㉚中慈　㉛極慈　㉜積蓄
㉝嫉妒

接著，在中脈下端臍輪，有遺傳自母親的紅明點，形狀如紅色種子字「阿」。由於下行氣的消散，使得紅明點沿著中脈上升。亡者將覺受到紅色，同時，由貪所生的四十種性妄悉得遮止：

①貪欲　②遍貪　③喜　④中喜　⑤極喜　⑥愉悅　⑦極愉悅　⑧稀有
⑨滿足　⑩如意　⑪摟擁　⑫吻　⑬吸吮　⑭緊握　⑮勤　⑯我慢
⑰作功　⑱陪伴　⑲勢力　⑳樂　㉑合歡　㉒中合歡　㉓極合歡　㉔嬌媚
㉕嬌相　㉖怨恨　㉗善　㉘語明　㉙真實　㉚非真實　㉛決定　㉜近取
㉝布施　㉞警策　㉟勇健　㊱無恥　㊲欺誑　㊳惡性　㊴不馴　㊵不誠

隨後，當紅、白明點會合時，遍行氣消散，認知力分解。此時，眾生覺受到黑暗，由癡所生的七種性妄悉得遮止：

①中貪　②忘失　③迷亂　④不語　⑤懨嫌　⑥懈怠　⑦疑悔

有些人會感受到生命中斷的強烈痛苦。另一些人則在分解過程結束時，由於脈、氣、大和心識的清淨明點全部聚集在心輪，會感受到「空融入明」[11]。初位中陰（first bardo）的光明，即使是最小的昆蟲也會顯現。

11 這是空的光明、心的本性。

指出臨終中陰教授實用

總之，修行者要時時銘記一切有為法都是無常的：特別是死主隨時會找上門來，而且除了上師的口訣，死時什麼也幫不上忙。如果不能牢記這一點並且實修，大限來到還在搜尋經文，或追求快感、衣食，必然後悔不已。《法句譬喻經》（*The Chedu Jöpe Tsom*）說：

眾生皆執著資財、
兒女牲畜及財富。
已做彼事現做此，
做完此事做彼事。
活時被雜念所騙，
死時被閻王掐走。

以上的教理，廣見於經續、密續、論、證量上師的證道歌中，表達方式或有不同。同樣的，很多人無法將他們的修行濃縮成核心教法，只有在需要時，才發現他們一直以科學[12]、研究和思維愚弄自己。

12 聲明（grammar）、因明（debate）、醫方明（healing）、工巧明（craftsmanship）。

特別是，當死亡來臨時，修行者應放下所有應做或完成的憂慮，無視一切未了的宗教或世俗事物，捨棄對任何人的愛恨情仇，不論他們是朋友、親戚、配偶或密友，也不管他們的地位高低。一切都不執著，把一切物資和財產當供養或慈善布施出去：大自身、口、意的道場物品，小至微不足道的針線。最重要的一點是放下一切貪愛，哪怕有一絲的執著都不可以有。下定決心吧！

死時的念頭力量巨大無比，所以要實修懺悔法門，誠心懺悔；如果違犯大小乘戒和密乘戒[13]，即使是最細微的失墮，不論是否被發現，都要重新受戒。即使你的上師就在身邊，還是應當觀修皈依境和上師瑜伽，並集中精神領受灌頂和戒律。如果有持戒清淨的同門金剛在旁，知道如何提醒你過去曾接受的口訣，將是非常殊勝的。

此外，非常重要的是，請哭號哀傷的世俗親友離開臨終者的房間，因為他們只會令亡者生起貪瞋。如前所述，死時最好像山間的野鹿，割斷同伴的情結。

上面談到的消融次第，是一般人的情況。然而，每個人的脈、氣、明點、病情變化、

13 指小乘別解脫戒（the hinayana vows of individual liberation）、大乘菩薩學處（the mahayana traninings of a bodhisattva）、金剛乘三昧耶戒（the samayas/commitments in vajrayana practice）。

業障、環境不同，消融的順序也會不同。有些人，消融次第同時出現，因此並無定論。總之，要點是熟記外、內、密諸相的顯現次第。

當死亡真正到來時，身體最好要坐直。如果做不到，應像睡獅一樣右側臥，專注在生前薰習的法門上。亡者要依大手印、大圓滿立斷、能寂派等教法，把重點放在空明的自證上，不管出現什麼消融次第，都要身心放鬆，安住在法性的相續上。如果能一心不亂不迷惘，什麼也不必做，只等母光明現前，就可以輕易獲得解脫。

不然的話，修行者如果修過「深道六法」或大圓滿頓超明光與黑暗法，當四大分解時，確認煙霧、陽焰等密相，全都是光明法身的法爾顯現，一心安住於明空雙運上。

此外，如果生前熟悉樂空大手印甚深道（profound path）的教授，就可以依道果或六和合法（six unions），認知每個脈輪的風心（prana-mind）消融次第。特別是當白明點下降時，要認知它就是白顯明光，以證得三昧耶手印和喜智慧雙運；當紅明點上升時，要認知它就是紅增覺受，以憶念事業手印（karma-mudra）的智慧：當紅白明點會合時，平等安住於黑得覺受中，以證得佛法手印和捨離喜或極喜的智慧。無論出現什麼現象，都要轉死亡之苦為修行道，絕不被一切負面妄念所干擾，直到自性明光現前。

再者，臨終者生前如果沒有此類覺受或證悟，就要專修上師瑜伽祈請加持。也就是說，當地大已經消融，陽焰光明顯現時，要觀想上師在自己的心輪，生起一心恭敬，祈請加持；當水大已經消融，煙霧光明顯現時，要觀想上師在臍輪；當火大已經消融，螢火蟲光明顯現時，要觀想上師在眉間輪；特別當風大已經消融，火炬光明顯現時，要一心觀想上師頗哇法。

頗哇法

有關頗哇法，可分三點介紹：修行者差別、頗哇時機、頗哇法實修。

修行者差別

上根者此生就能圓滿證悟大手印或大圓滿教義。如果不能，也有信心在最後一口氣呼出時，證悟解脫。他們不再需要頗哇法的教授了，也不需要別人幫他們修頗哇法。然而，為了引導其他弟子，他們還是以頗哇法示現成就相。諸多上師示現此相，例如印度的阿闍梨龍樹菩薩（Acharya Nagarjuna）。同樣的，西藏馬爾巴上師（Lord Marpa）在即將涅槃時，將自己的明妃達梅瑪（Dagmema）幻化成光團，融入自己的心輪。坐直身子，他說：「佛子們，修頗哇法，就要像這個樣子！」說完，有一個雞蛋大小的五色光團，從他梵穴直入雲端。大成就者梅隆多傑（Melong Dorje）也是在一次薈供中，唱完傳承讚之後，從他的頂輪射出鍋子大小的白色光。光團越來越大，彩虹和光輪遍滿了虛空。

新舊派無數成就者和大德，曾經示現眾多類似瑞相。雖然這些示現都稱為頗哇法，事實上與虹光身成就沒有多大區別。

另外，如果違犯根本三昧耶戒，修頗哇法是無效的。為什麼呢？因為頗哇法要靠加持才能成就，而加持要靠上師，如果從根本違犯三昧耶戒，並且未經懺悔除罪，則不能得到加持，頗哇法也就難以奏效。然而，《四金剛座密續》（*The Tantra of the Four Vajra Seats*）說：

違犯五無間罪者，
若依此道即解脫，
不為惡行所染汙。

有人可能認為這是通例，但是，此結果只適用於知過能改、重新實修而得到解脫的修行者。此外，經文意在表明，即使是罪業深重的修行者，只要沒有違犯他對金剛上師的三昧耶戒，仍然可以倚靠頗哇法得到解脫。

頗哇時機

在粗顯的四大分解過程中，臨終者還是有機會復活。如果過早為他修頗哇法，會有讓他生起瞋心等違緣的風險。密續說：

> 時機合適才修頗哇法。
> 時機不對即殺害諸佛。[14]

因此，找對時機是至關重要的。如上所述，隨著四大分解、外呼吸停止，白明點顯現的內徵相消融時，這是觀想頗哇法的最佳時機。

當紅明點上升的內徵相消融時，是實際觀想頗哇的時機。這時，作惡者會見到恐怖的死主，業清淨者會見到勇父和空行母前來迎接。

頗哇法實修

本教授有兩部分：實修薰習和應用。

14 此處指眾生本有的佛性。

實修薰習頗哇法

首先，實修薰習是非常重要的。眾多的頗哇法可歸為五類：法身無得頗哇法（dharmakaya phowa free from reference point）、報身雙運頗哇法（sambhogakaya phowa of unity）、化身串習頗哇法（nirmanakaya phowa of training）、上師加持頗哇法（guru phowa of blessings）、無謬他方世界頗哇法（unmistaken phowa of khachö）。

首先，讓我們討論法身頗哇法的意義。如前所述，當修行者已經證得大手印或大圓滿時，沒必要再修其他法門。本文根據大圓滿寧提心髓（Dzogchen Nyingthig）[15]，詳解如下。當本覺（又稱自性智燈）通過潔白順暢的中脈燈道，經由深遠水燈門而顯現時，表示頗哇已經進入清淨虛空燈淨土。所以，如果修行者修過這些教法，臨終時就要如法修持。根據「深道六法」（Chödruk），法界俱生頗哇法就是法身頗哇法。

第二，報身雙運頗哇法的修行者，對大圓滿的生起次第或「深道六法」的清淨幻身法已具證量。總之，只有今生修持圓滿次第和生起次第已經圓滿者，才有資格修法身頗哇法和報身頗哇法；不論死亡何時來臨，他們都可以毫不費力的獲得成就。報身還包括無上秘

15 見附錄：大圓滿密續（*The Dzogchen Tantras*）

密殊勝頗哇法。

第三，化身串習頗哇法或殊勝明現頗哇法，非常重要的是當下就要開始修持。任何密續都可作為法本，也不一定要從證量具足的上師領受大法，只需要一直修持到淨相出現。以皈依和發菩提心為前行，正行如下：

一心正念，身要保持禪坐姿勢，口要練習射氣和入氣，意要觀想幻化和轉換。修持生起次第：身如本尊，關閉輪迴八竅（eight doors to samsara），觀想自己虛幻身的中脈空無一物，此即顯空雙運。觀想阿彌陀佛（Amitabha）（或其他佛菩薩）在梵穴[16]上。然後觀想明點呈現本尊、種子字、法器或光球，像旅客一般在中脈上下移動。下座前，修延壽口訣。

總之，修行者要完全依照自己傳承的儀軌修持，如果需要細節或改變，必須完全遵從上師的教導，持續修持至淨相出現。

第四，上師加持頗哇法，修行者要觀想頂門上的本尊為根本上師。此外，其他修行方法如同上述化身頗哇法。此中，視上師如佛，最為重要。

16 頭頂，距離前額髮際約八個手指。

第五，他方世界頗哇法是指修行淨土法門。修行者必須修持睡夢瑜伽（dream practice）的放射和轉化法，其口訣與大圓滿法的往生自性化身淨土法相同。

頗哇法的應用

無論修持何種頗哇法，一定要對目標具有完全而堅定的信心，不要貪著世間五欲或生起貪瞋癡三毒。因為即使是最微細的不善念也會成為頗哇的障礙，當死亡來臨時，即使一剎那的惡念都不可以有，要毫不遲疑地一擊即中靶心。如射箭好手一樣把神識射出，有去無回。這樣，如用槳行舟，執轠驅馬，必能如願成就。

人們說：「頗哇，頗哇！」不過最重要的一點是，修行者在認識自己的無垢覺性後，應該運用口訣要點，融入法界中，不可誤入歧途。那麼，多生累劫發過願的修行者、已積累福慧二資糧的修行者、今生不違正法和金剛密乘上師、未犯三昧耶戒的修行者，將會輕易解脫成就。然而，並非每個人都如此。為了使罪業深重的修行者能即時成道，顯然必須具足上述所有順緣。因此，至關重要的是，已得暇滿人身的人們應熟悉口訣、創造順緣。

結頌

三世諸佛菩薩大慈悲，
遍灑甘露經續甚深義；
所知煩惱障重諸有情，
無能生起成熟自在心。
此生盡受惡業所驅使，
拋棄至寶正法不聞問；
無常來到業鏡映眞相，
後悔莫及往事不可救。
世智辯聰精於世事者，
博學通教不務實修者，
一旦身患絕症苦難言，
豈知惡報衰損降誰身？

3. 法性光明中陰

本章分三部分闡述：

1. 辨別它的體性
2. 詳解顯現方式
3. 指出教授實用

辨別法性中陰的體性

首先，什麼是法性光明中陰？前述一切消融階段依次完成後，風心將融入紅白明點的結合中；而「紅白明點的結合」象徵智悲雙運，分別以「阿」和「杭」二種子字代表。因此，本初光明的法身（無作、離戲、俱生之大樂智慧）必然會顯現。

俱生智慧（coemergent wisdom）有各種名稱，聲聞和緣覺乘稱為「般若智」（ultimate transcendent knowledge），中觀師稱為「勝義諦」（ultimate truth），大手印稱為「無念覺知」，大圓滿心部稱為「究竟覺」，各種光明密輪部稱為「自顯母子光明會」，甚深道稱為「俱生智慧大手印」。但各派通稱為「初位中陰的光明」。

詳解法性中陰的顯現方式

本節分為共與不共　兩部分闡述。

共同顯現方式

如前述的陽焰等相，大部分密續稱之為顯現光明，而在消融依次完成後，地（根）光明被稱為非顯現光明或空性光明。有些密續將顯、增、得的顯現模式稱為喻光明（sign luminosity），將「主體」[17]本身稱為勝義光明。《無二尊勝續》（*Nyime Namgyal*）如此描述：

> 第一如陽焰，
> 五色光明現。
> 第二如月光。
> 第三如日光。

17 「主體」指顯、增、得三相之後顯現的赤裸裸根本心性。

第四如暗夜。

這些是喻光明，之後：

第五無雲天，

離中邊無念。

這就是勝義光明。

為什麼稱它們為喻光明？因為，最初的陽焰等（相）是前五識融入基礎地（如來藏識，all-ground）的徵相。同樣，白顯相表示第六意識融入基礎地，紅增相表示第七末那識（afflicted mind consciousness）融入基礎地，黑得相表示基礎地（如來藏識）融入它本身（如來藏）。當一切都融入勝義法界後，無垢法身智就會顯現。

下面將解說基礎地光明為何會如此顯現。無始以來，一切有情眾生本自具足如來藏。由於俱生無明（coemergent ignorance）或如來藏識無明分（ignorance aspect of the all-ground）的障蔽，使得有情不認識自身的本具智慧，因而持續落入無明惑亂中。在臨終的分解過程中，這種障蔽會短暫消融，哪怕是凡夫，智慧也會赤裸顯現。但凡夫不能認出它，障蔽的習氣會自然重現，使得有情輪迴生死永無止息，猶如不破的鎖鏈。

通達中陰教授的修行者，自顯本性的母光明，會與修道所得的子光明（child luminosity）合而為一，有如老友相逢，江河入海。因此，可以輕易解脫。

密乘新派教導說，具足七雙運的上師（大金剛持如來，空慧平等一味之主），住在空行剎土的清淨法界宮中。

舊派（寧瑪）則教導說，「心與做者」的普賢王如來（Samantabhadra）（大智）與「境與行」的普賢王佛母（Samantabhadri）（畢竟清淨空性）合一大樂（不變的第四平等時的本淨體性），住在空無邊處天中。

總之，甚深密續的序分，都會以這種性質描述諸本尊。然而，心量狹隘的人們和知識分子，確實很難理解其中奧義。

關於這一點，我所熟悉的要義，完全符合諸位大上師的金剛偈、教授及語句。新舊各派密續、一切持明和成就者都認為：地光明是勝義法身體的解脫根本。

然而，覺曩巴尊者（Lord Jonangpa）卻說：「修止證悟下品安止定，氣進入中脈會產生少分喜樂。某些喇嘛所相信的『光明』，其實只是對於這種感受的執著而已。這是『洞窟光明』，不應視爲眞正的光明。」雖然這一說法名聞遐邇，卻很可能另有特殊目的。不然，為什麼其他傳承對此問題的見地都相同。

此外，在地光明顯現時，絕大多數有情都認不出來，即使認出來，也不夠熟悉，所以不能安住在其相續中。毫無疑問，這是解脫的真正根本。《大圓滿獅子力圓滿續》（*The Dzogchen Senge Tsaldzog Tantra*）[18]說：

一切諸佛之心性，
法爾遍滿諸眾生。
秘密覺性自顯時，
五光現前母子會，
子光融入母光時，
二取心相悉淨除。
顛倒語意斷無疑，

18 大圓滿口訣部（Instruction Section of Dzogchen）十七續之一。

智慧日光悉遍照，
徹底遣除諸妄想。
解脫妄想增上力，
覺照智慧必提高，
故能安住無念處，
體性智慧之一切。
秘密眞言果圓時，
覺性智慧無礙顯。
爾時覺性已喚醒，
轉起意識體清淨。
離言智慧得證悟，
密咒實相亦得見。
若能遠離是與非，
三摩地境五日成。

《日月和合續》（*The Union of Sun and Moon Tantra*）[19]提到：

心地無染即成就，
自現自解無生界。
自顯融入本淨界，
希望恐懼皆遠離。
因果邊際已破除，
空覺無二入本覺，
法爾無爲大圓滿。

此外，《時輪金剛根本續》（*The Kalachakra Root Tantra*）說：

認知此光明，
有情無中陰，
苦難盡解脫。

19 大圓滿口訣部十八真言之一。

《無二尊勝續》（*Nyime Namgyal*）[20]也說：

認知此光明，
不見中陰城。
猶如摩尼寶，
利他色身現。

有無數類似的教法，吾人應可確信無疑。

不共顯現方式

前面對共同顯現方式已經做了闡述，根據大圓滿口訣部和寧體無上極密部，還可以把光明分成二部：本淨法身光明（dharmakaya luminosity of primordial purity）和任運報身光明（sambhogakaya luminosity）。

前者即法爾地光明，其顯現猶如純淨無雲的虛空。亡者如果能夠認出這就是自己的心性，就能夠在廣大無邊的本初清淨中證悟，不再有隨後的各種顯相。

20 屬於新派的密續法典。

若亡者只是略知地光明，因而無法解脫，就會停止內呼吸，紅明點將化成血液或淋巴液，從右鼻孔流出，白明點則從密道流出。同時，覺性猶如火花，從眼睛等九竅流出，法性中陰開始顯現。到此境界以前，稱為本淨法身光明。

如果亡者此時未能解脫，在空大融入光明之後，光明融入雙運將現起。此時會現起穿戴各種服飾、特徵各異、多頭多臂、莊嚴具不同、遍滿虛空的諸忿怒嘿嚕嘎（heruka）。法性的自顯聲音猶如千雷咆哮，各種色彩和光猶如萬般武器燃起。

有情面對如此巨大的恐怖，如果沒有認知自性，將會驚慌失措和昏厥。當神智恢復後，以上的境界已經消失了，諸寂靜本尊開始依次顯現。

然後，一切對境，如大地、石頭、山、岩石等，全非物質，皆以虹光為自性。它們以法界性顯現，廣大無邊、了無障礙、明亮莊嚴。此時亡靈會感覺自己還有生前的身體。然後上下十方出現無數五色彩虹光球，每一光球都有無量金剛界寂靜尊（peaceful deities of vajradhatu），諸如五部如來和男女菩薩，慈眉善目，衣飾華麗。微妙無比的光線，從他們的心輪射出，直達亡靈的心輪。所有這些顯相都井然有序。連接到亡靈心輪的光線，也射出無量光點。隨後，亡靈會覺得這些境相全都融入自身。

之後，雙運（雙身佛）融入智慧。從亡靈心輪射出層層相疊的藍、白、黃、紅光，猶如攤開的旗幟，直至上方虛空。每一層光線上都有無數相同顏色的光球，每一球中又有五小光球。孔雀翎毛般的傘蓋，莊嚴的呈現在亡靈上面，五彩斑斕。所有這些稱為金剛薩埵內道（inner path of Vajrasattva）。這是四種智慧【譯註：法界體性智、大圓鏡智、平等性智、妙觀察智】的光道。由於有情的修行未達到圓滿境界，故成所作智的綠色光道沒有顯現。

接下來顯現的是智慧融入任運持明。前面所說的光道，融入傘蓋狀的五光中。接著，在亡靈自己的顯相之上方，法身顯現，如晴空萬里的虛空，象徵本淨的覺性與空性。此中會現起自顯色身、諸寂靜忿怒本尊界、任運化身界。下方則顯現不淨的六道眾生（six classes of beings）界。所有這些顯相同時出現，栩栩如生，彷彿出現在同一鏡子中的影像。

此時，亡靈自然而然的具有五神通、六隨念、陀羅尼、無間三摩地。此外，無量教法，無論過去知道不知道，都會在亡靈心中生起。

總之，如果亡者此時能夠憶起任何口訣要點，加以應用，必得解脫。但如果修持力量薄弱，則不得解脫，亡靈將看到受生中陰的夢顯相，一段時間之後，必然轉到自生化身境。迅速經過所有的道和悉地，而後成就正覺。

如何修持法性中陰

從臨終中陰到此境界的時間多久？由於用了不少文字說明其中的轉變，似乎顯得很久，事實上並不久。首先，由於脈輪各異，因緣及病況不同，內外分解的順序確實不一定。然而，在大多數情況下，內外分解一瞬即逝。

特別是紅、白、黑三境在一投手一舉足之間就過去了。而後現起的死亡法身光明、俱生智慧，它停留的時間，沒有修行的人不會超過一彈指，有些人是「一頓飯」的工夫。稍有修持的人，能住於定中多久就停留多久，稱為一「禪定日」；一般來說，可以住在光明中一到五個禪定日。

具足證信的修行者可以隨本願安住在此光明境中。他們出定後，智慧風（wisdom wind）將令覺性通過頂門射出，證得「大直接」（great upper directness）成就。它的徵相為智慧風在左脈流動時，頂門或左鼻孔出現白明點。當頗哇修成功時，菩提心是如此顯現的。如果沒有此徵相，我們難以相信頗哇是成功的。

蔣揚貝丹桑波（Jamyang Palden Sangpo）等具足教證的大師開示，神識很久才離開身體，不一定是安住在定中，因為有些人會執著於肉身。

無論任何情況，上中下三根的亡者，在紅、白明點沒有從上身或下體流出之前，絕對不可以火化或做淨治超度。為什麼？因為火化會障礙正在定中的修行者，對於執著身體的凡夫則是活活燒死。

依據大圓滿法，只有上等修行者能夠依修行功夫的高低，維持一至五個禪定日的自顯光明。至於不熟練的凡夫，自顯光明剎那即逝，根本難以辨認。有些人不知道聲音、顏色、光線其實是自心顯現的，就會受驚昏厥。

以上為附帶說明，下面是本章正文。

認知地光明和證得解脫，有一個秘訣：在此生中陰的當下，發堅固菩提心，然後不管在定中或動中，全力觀修世俗心的究竟實相，亦即不可思議的自性法身。熟知如何安住法身，不被業障和煩惱障所染汙，不僅是此生中陰的修行重點，也是一切時中的關鍵。這是一切經、續及口訣的究竟心要。由於自性具足八萬四千法門，因此稱之為大圓滿。因為一切不離三身，故稱之為大手印。因為自性超越一切思議分別，故稱之為般若波羅蜜多（Transcendent Knowledge〔Prajnaparamita〕）。因為自性離一切二邊，故稱之為中道。因為自性啟動聖道之果，故稱之為道果。因為自性使一切煩惱自然息滅，故稱之為能寂。因為自性從根斷除能所二取的貪執，故稱之為能斷。因為自性能使人覺悟，故稱之為六和合。因為自性能淨化無明妄想，故稱之為修心法。總之，一切無量甚深教法皆攝於自性。因此，如不確實專修自性的真實義，在緊要關頭，成千上萬的想法都不管用。如《遍作王續》（*The Künje Gyalpo Tantra*）[21]所述：

若識汝心眞如性，
佛即現前非文字，
極瑜伽當下證得。
福薄根淺無緣者，

21 屬於大圓滿心部的密續，收於《甘珠爾》（*Kangyur*）《古密續》（*sNying rgyud*）Ka冊中。

密意縱顯亦不解。
如人希求如意寶，
僅磨木頭終難得。

因此，修持無謬自性是刻不容緩的。特別是，修行者應當依據《那洛六法》、《中陰聞教解脫》等法本的開示，熟悉光明顯現的次第。若能熟睡時也安住在光明中，就不難於法性中陰認知地光明。

要知道，若能在睡眠時也行善，必能認知初位光明。這是真實入定和貪執身體的區分。如果臨終者真正入定，熟悉中陰教法的善友就可以給予提醒性的開示。若有妄想，就不能修頗哇之類的複雜法門。總之，具足證量的修行者，不必依賴淨治超度或焚燒牌位等複雜儀式。

熟修方便道五次第、六和合等法門的修行者，應當認知任何顯像，不管是陽焰、白光或其他，都只是法身自性的顯現。

修持大圓滿頓超法的修行者，必須堅信任何覺知的現象，譬如聲音、顏色、光、寂靜忿怒本尊、明點、光線、光道和淨土，都只是自性的化現，然後平等安住在此信心中。為能做到此點，修行者應該當下修法，熟悉立斷法的體性，並持念頓超道法的口訣。

現今的佛教修行者對佛教知識一知半解，把苯教（Bön）和寧瑪派（Nyingma）混為一談。因此，他們不能被列入佛教正法修行者之列。特別是對於甚深大圓滿教法而言，如極喜金剛、妙吉祥友、吉祥獅子、二十五位班智達等眾多大師，確實都已成就虹光身。他們都默默修行，不像我們藏人大肆吹噓、招搖過市，追求名聞利養。因此，他們並不如此出名。

六百萬部密續只有少數流傳於世間，絕大多數仍保留在智慧空行母和持明剎土界。在西藏前弘期，眾多的具緣有情依照蓮花生大士、無垢友、遍照護的教授，成就虹光身而解脫。

雖然今天仍然有很多口訣和伏藏傳承上師，但是，一些以果拉則（Go Lhatse）和止貢貝增（Drigung Paldzin）為首的上師認為，印度現在已經沒有大圓滿法，所以大圓滿法不純，或它是中國和尚的見解。他們批判大圓滿法是藏人的杜撰，這對信徒是有害的。因為他們甚至連《甘珠爾》（*Kangyur*）、《十萬續》（*Gyübum*）及其他經典都沒看過，對於包括大圓滿法在內的三瑜伽（Three Yogas）法，大多數人有如看到死於瘟疫的屍體，避之唯恐不及。

一些自稱是寧瑪派的修行者，他們忙於灌頂加持、驅魔及念咒施法，以養活自己的侍者、妻兒。他們為了利養，不斷在鄉村做法會。他們以飲酒作樂為主要修行，從無機會聽聞大圓滿法的要義，哪怕一點點佛法都聽不到。他們因盲修瞎練，必然不能即生證得光身或於此生中陰成就解脫。很明顯他們錯過了認識法性中陰的機會，更談不上了解。嘉華揚貢巴（Gyalwa Yang Gönpa）說得好：「人能弘道，非道弘人。光是大圓滿法沒有用，重點是人要變成大圓滿法。」

對各種現象做了誠懇的表達之後，下面回到本章的主要內容。

依據大圓滿根本教法，立斷有以下三要點[22]：直指本元、決定堅定、立定解脫。在確實了知六燈（six lamps）[23]的本性後，頓超有如下的不同法要：三不動固根（三即身眼

22　又稱極喜金剛所傳《椎擊三要》（*Three Words Striking the Vital Point*）。

23　譯註：引自龍欽饒降巴《上師心滴如意寶》（索達吉堪布譯）——六燈，即「安住基燈」：心性光明；「心寶肉燈」：如撐起之帳篷的心寶，光明如瓶內之油燈般安住其內；「白柔脈燈」：如流星般從心臟連於雙目的光明脈道；「遠境水燈」：雙目之瞳仁是顯現光明之門；「中陰時燈」：認識所現之自現光明壇城本面而送至本地；「究竟果燈」：智慧融入法界而於童子瓶佛身剎土中得堅地。彼等也可攝為五者，即當下捨棄幻身之蘊、立即滅盡分別動念、自然顯現自現壇城、明了覺知自然智慧、平等解脫本來實相。

心）[24]、三住持量[25]、三得垂橛[26]、四無畏解脫之量[27]等。

修行者如果不把各種要義只當作知識，而能應用於自身修持，即能成就見修行果四量，最佳者能解脫色身成為自在光明身。次佳者將安住於地光明，猶如瓶子破碎時，瓶內空間與瓶外虛空合而為一，也像獅子從母胎出生或金翅鳥破卵而出，修行者的心識出離業力異熟身的束縛，同時證悟法身。第三佳者是在法性中陰階段，當光明融入雙運時，進入

---

24 譯註：引自《仰兌》〈大圓滿心中心〉——謂身住三要之坐式，而不動搖：身不動，則脈不動；脈不動，則眼不動；眼不動，則氣不動；氣不動，則心不動；心不動，則斷除能動分別相續，得明體自住之利益。眼看三式，不應動搖，所謂明體之要為脈，脈要為根，根要為光也。脈不動則眼不動，眼不動則光不動搖也。心不動，不起妄念，由是得法界與明體無分之利益也。

25 譯註：引自《仰兌》〈大圓滿心中心〉——謂常觀法性明體，則生三種堅固住量。外，於所顯現動搖之氣盡，則住無有去來法性之明體。內，蘊能動之氣盡，則住於身不動。密，能分別之氣盡，則住於無有分別之心也。於此處覺受，分夢中相，與三門相。

26 譯註：引自《仰兌》〈大圓滿心中心〉——一者，生入於佛剎土。二者，質礙之幻身，於光明中清淨。三者，心氣無二，以遷移得大身之身，盡輪迴未空，作饒益眾生事業。並趨入本來法性內，顯童瓶身，如造五無間等罪之三千大千眾生，以明體觀之，能同時解脫。

27 譯註：引自《仰兌》〈大圓滿心中心〉——上二定信謂聞三寶之功德，無有得之望，及無得之疑慮。從自明之外，無佛可證。下二定信謂聞六趣眾生之苦，無希求不墮輪迴之心，亦無墮輪迴之疑慮。由知自明本無迷亂，決定無有實體飄流輪迴者也。

自顯色身光明；當雙運融入智慧（unity dissolving into wisdom）時，獲得解脫身；當智慧融入自顯持明位時，了知圓滿無瑕。

有關此時的自顯，有一本密續說：「自顯覺性是如何顯現的呢？是由八門顯現的。」根據這句話，覺性會顯現為慈悲、光、身、智慧、不二、離二邊、不淨輪迴門、清淨智慧門。當口訣提到這八門時，也提到八種消融。

當慈悲消融時，輪迴眾生會經驗到解脫，全無迷惑之感。同樣情形，當光消融時，即成一味法界，這不是由概念心所分別的顏色，也不可以分為各種光。當身消融時，顯現心性的清淨圓滿，沒有頭和手的概念。當智慧消融時，法性的母光明和子光明會合為一。當不二消融時，三千大千世界（three-thousandfold world system）化為心性。當離二邊消融時，所觀境全都不見。當不淨的輪迴門消融時，亡靈不再迷惑有投生處。當清淨智慧門融入心性身時，亡靈證悟大本初清淨性（本覺），不再有妄想分別的境界。

《虛空大界續》（*The Great Vastness of Space Tantra*）[28]說：

28 藏文拼音：*Nam mkha' klong yangs chen po'i rgyud*。大圓滿密續（Dzogchen Tantra）的名稱，屬於界部（Space Section）。

色身未捨棄，
覺悟難顯現。
卵中金翅鳥，
羽翼雖豐滿，
未孵豈能飛！
殼破即能飛。
佛性亦如是，
身蔽未能顯。
一捨業報身，
覺性即顯現。

《貢巴提得》（*Gongpa Thigdeb*）也說：

發大菩提心，
如獅躍千里。
寬廣大智慧，

即時成佛道。

至於解脫的快慢，取決於修行者目前的修持。《日月和合續》（*The Union of Sun and Moon Tantra*）說：

有三種根機：上根機者能在三剎那內解脫。中根機者能在五禪定日內解脫，或在二十一剎那內證得不動地。下根機者，必可往生自性化身土，即時證悟。

因此，有些人相信大圓滿法以外的其他教法：如果修行者沒有證得的光明，意識將（由身中）出現，受生中陰將現起。除此以外，沒有說明聲音、顏色、光線的顯現，或寂靜尊、忿怒尊。這些人認為，即使有這些顯現，也只是修行者依傳承所修持的本尊的化現，寧瑪派的寂靜、忿怒尊不是所有人都能經驗到的。

一般來說，不同傳承雖然各有其道次第和口訣，但對中陰教法的教授都相當完整。然而，每部根本密續所強調的修行重點都有許多差別。有的強調生起次第，有的強調方便道的樂空，有的著重在離戲。確實存在許多不同教授。亡者應該以生前所熟悉的法門為依靠，在法性中陰階段善巧運用。

修行者可以根據大圓滿心髓，合修立斷和頓超法門。一旦熟練大圓滿法，中陰也會如此顯現。因此，修持大圓滿法，就奠定了解脫的基礎。

因為頓超法並非是直接傳授的，所以其他法門也沒有提到在中陰階段會有如此顯現。然而，因為不二風心是由五大（five essences）組成的，所以聲音、顏色和光線一定會在法性中陰顯現。《險途大解脫》（*the Great Liberation from the Dangerous Pathway*）等法本都說，有情與勝義脈、風、明點從未分開。此外，「時輪金剛」和「六和合」也很類似大圓滿的光明和黑暗修法。同時，所有密續都同意：中陰身所見的本尊，就是有情的五蘊、五大、八聚識和八境，無始以來就如壇城一般法爾圓滿。

因為從體性而言，五蘊是五佛部，五大是五佛母，八聚識是八大菩薩，八境是八女菩薩等等，所以一切本尊都包括在寂忿百尊中。然而，一切身體的顏色和特徵，都只是以不同的所淨治和能淨治來說明而已。除此之外，自性三身或雙運二身就包括了一切本尊或壇城。

由於每個眾生的習性各不相同，很難肯定百尊以外的其他本尊不會顯現。雖然惡人可能會看到死主的鬼卒，但事實上都只是自己的業力所感召而已。總之，無論出現什麼或如何出現，重點是把它看成自心的化現。《勝樂略續》（*Domjung*）說：

修行者命終時，
勇父空行等，
手持眾鮮花、
種種幡及幢，
伴無量妙音，
口誦微妙語：
「死唯分別念！」
修行者生淨土。

這與寧瑪派的法性中陰類似。

此外，若能了知一切顯現均是上師的示現，也與本覺平等一味不可分離，就必然在此生、中陰、來生都安住於大樂法性土。另外，誠如《空行教鬘》（*Khachö Lutreng*）所說：

睡夢無正念，

中陰難修行。

如果日夜都渾渾噩噩，而且執著一切實有，即使有暇滿人身，在臨終極其痛苦時，或恐懼妄想如颶風迴旋時，都絕無指望可以安住修持。因此，大家要為無上究竟的目標做準備。

結頌

根是如來藏自性，
道隨順俱生法身，
果爲離雜染佛性；
根道果本是一體，
現前覺性離戲論。
猶如貧家藏珍寶，
無始至今未認知，
縱然認知未保任，
無間煩惱常障蔽。

安住心性不雜亂，
覺知諸法之實相，
無修無整自在行，
截斷一切中陰境。

4. 受生業力中陰

受生業力中陰也分三部分說明。

辨別受生中陰的體性

上、中根的大圓滿修行者，應該在前面三種中陰都已經成就。下根者雖然生前見過解脫門，卻沒能解脫，所以接下來會經驗到受生中陰的如夢境界。藉著憶起生前的口訣和實相真理的加持，他們能往生自性化身剎土，從蓮花中化生，並於夢醒時，證得覺知三摩地。

往東方現喜淨土（True Joy Realm），將親見不動如來（Akshobhya）及金剛部的化身。往南方具吉祥淨土（Splendorous Realm），將受到寶生部（the ratna family）諸化身的灌頂加持。往西方蓮花山淨土（Lotus Mound），將得到阿彌陀佛諸化身的授記[29]。往北方事業莊嚴淨土（Fulfilled Action Realm），將得到事業部（karma family）諸化身淨化習氣。往中央輪迴盡解脫淨土（Fully Liberating Samsara Realm），在忿怒尊化身光榮嘿嚕嘎

29 預告將來成佛時的名號。

（Glorious Heruka）的壇城內，極細所知障將得到淨化，並於五百年內，成就廣大本初清淨法身佛果，並以無量化身利益有情。

有人僅於四方淨土之一，得到灌頂授記成就佛果。總之，他們僅經歷片刻的受生中陰，不必承受各種痛苦，不必入胎而往生淨土。因此，不應把這階段當成受生中陰。《日月和合續》就說：

下根見此境，
中陰身將變，
或也許消失。
師說此顯現，
盡除諸習氣。
定生化身土，
無中陰成佛。

那麼，什麼是真正的受生中陰？在身體與神識分離後，由於亡靈尚未認知自性，法性光明的聲音、顏色和光線等顯現就消失了。從無明習氣出現到入胎的這段時間，稱為受生業力中陰。

詳解受生中陰的顯現方式

一般凡夫不具備口訣扼要。此外，由於他們自身業障深重，很難建立正確的心態，或成辦如頗哇法等教授的順緣。由於缺乏信心和不夠熟練，即使他們修持頗哇法，也很難把神識遷引到所願之境。因此，他們首先還是體驗到消融次第的痛苦。

後來，當基礎地光明現前時，絕大多數凡夫會昏厥。也就是說，他們沒能認知自己的本性，就會暈眩，當紅白明點最後從上下兩個竅流出時，神識會被業風吹動，從身體的九竅之一離開身體。

此時，亡靈會被法性的自然聲音嚇壞。他們害怕種種的光明顯現，想要逃避慈悲的光芒。他們見到俱生智慧尊時，有如見到死主的鬼卒，心生恐慌。

雖然亡靈也會見到任運大寶剎土（precious realms of spontaneous presence）的境相，亦即輪迴和涅槃的一切現象，猶如鏡中像一般栩栩如生，卻不敢看上方的三身淨土。反而因為累劫執著和不善習氣的強力影響，他們會攀緣下方的六道輪迴現象。

當八十性妄及界風融入地光明時，自性光明就會顯現。但因為現在又不能辨認其本性，從強大的無明風再次出現風息，並從風息出現火風，從火風出現水風，從水風出現地風。因此，輪迴就形成了，亡靈也越來越有知覺，由癡所引起的七種妄想也會產生。然後，癡妄想變得越來越粗重，由貪所引起的四十種妄想會產生，由瞋引起的三十三種妄想也會產生。藉著五大風息與神識結合的力量，出現諸根完美的意生身。意生身有微弱的光芒，以食香為生，並具備微小的他心通。

除了來生母胎和金剛座（Vajrasana）[30] 以外，意生身一念間即可在三千大千世界來去自如。意生身只被天眼通者及同類中陰身看到，其他人都看不到。

因為亡靈突然得到意生身，所以即使看到自己的屍體，也不會知道自己已經死亡。由於強烈執著生前的房產、財物及東西，他們極想佔有。見到朋友和家人使用他生前的東西，會生起被搶佔的想法及瞋恨心，較生前更厲害，可是親朋好友並不能意識到。

因為沒有紅白明點，意生身所到之處，都沒有外界的日月光明。雖受飢渴之苦，也沒

30 根據一些解釋，金剛座（Vajrasana）是指釋迦牟尼佛在菩提迦耶（Bodh Gaya）成道的聖地。吉美林巴（Jigme Lingpa）大師卻認為，此處是指覺悟的境界。

有能力享用非迴向給自己的食物或飲料。由於不具備真實的血肉身體，他們像風中的羽毛一樣四處飄蕩，所體驗到的痛苦較前更強烈。

不僅如此，這時會有六種不穩定的徵象：①處所不定：意生身一瞬間就可到達任何地方，居無定所，在空房、樹樁、縫隙、洞穴等地遊蕩。②所依不定：意生身為痛苦所逼，尋求各種神祠為庇護所。③威儀不定：所做的事情瞬息萬變。④飲食不定：除非是專門迴向給自身的食物，否則雖然見到種種好壞不同的六道食物，卻不能享用。⑤夥伴不定：與各種天人、阿修羅、鬼神或中陰有情作伴，時刻在改變。⑥感受不定：各種心理覺知、快樂和悲傷時時轉變，不斷感受無數的恐怖和幻想。

此外，還有四種可怕的怨敵出現：①由於地大風回來，會感受到被壓在坍塌的山下或房屋下。②由於水大風回來，會感覺被大河沖走或沉入大湖中。③由於火大風回來，會感覺正在失火的森林或房屋中被燒。④由於風大風回來，會感覺被狂風吹走。

意生身也會感到掉入恐怖、巨大、白、紅、黑深淵的苦，這些深淵是由三毒煩惱所產生的。此外，還有被冰冷暴風雨吹襲、膿血雹暴、無數食肉魔獸追殺的苦。

漁夫、獵戶及屠夫的中陰身，因為生前所造極惡業的緣故，常常會有被生前所殺動物撞擊、搥打、殺害、圍捕的妄相。

總之，亡靈將感受一到七週的受生中陰痛苦，有些甚至長達數月或數年。一般來說，中陰身可以長達七週，每週感受一次死亡之苦。簡言之，中陰身前一半時間主要為生前習氣的經驗，後一半時間則為來生的經驗。

中陰身大概過了一半，將體驗自己抵達死人的荒原，面對許多可怕鬼卒追隨的死主法金剛。之後，俱生神和俱生鬼會用白黑石子分成二堆，計算生前所做善惡業。

從這時候起，中陰身將經驗到心性五光道之一，這是業風結合五毒（five poisons）習氣的自然顯像，可以預知即將投生哪一道。如將投生天道，灰白色光道會顯現；如將投生阿修羅道，紅色光道會顯現；如將投生人道，藍色光道會顯現；如將投生畜生道，綠色光道會顯現；如將投生餓鬼道，淡黃色光道會顯現；如將投生地獄道，就會直接墜入地獄，不會在本中陰停留。有些法本說，如果中陰身看到煙霧光，則將墜入地獄。

《中陰聞教解脫》說，當五部本尊顯現時，這些光道會和上述四智慧光明同時顯現。這是專為某些人而示現的。對於那些無法將五毒煩惱轉為道用，而且沒有認識煩惱的有情，光道和六道投生處就會在此時顯現。然而，修行者如能了知這些光明即五智（five wisdoms）本性，將把這些光明看成五智慧光和五佛部，進而融入光中證得解脫。

關於這一點，根據《中陰聞教解脫》等法本所說，第一天不動如來及其眷屬會顯現，次日寶生如來會顯現，依此類推。這是指幾天的順序。不過，少數人認為這些是真實的天數。因為誠如前面所描述的，它們只不過是禪定日，所以我們要知道，對一般眾生而言，這些本尊僅僅顯現片刻而已。

五方佛部持續顯現，當亡者看到這些本尊時，就知道自己已經死了，並化為意生身，因而感到絕望，急於尋找投生處。依此覺知力，他們將根據自身業力，投生到六道。若將受生為天，會見到自己進入天宮。若將受生為阿修羅，會有進入光輪或戰場的感覺。如發現自己身處山洞、地穴或草窩等處，他們將受生為畜生。如果見到樹樁、密林或布，將受生為餓鬼。若將於地獄受生，將感覺自己全身無力地掉入黑洞中，或來到鐵城中。也有一些眾生被歌曲、娛樂或情人所呼喚，因貪圖此情景而入地獄受生。

若將受生為人，會見到不同境相。看到雌雄天鵝在湖中游，將受生於東勝身洲。看到雌雄馬匹在湖中跑，將受生於北俱盧洲。看到牛群在湖邊，將受生於西牛貨洲。在我們南瞻部洲受生的，如果感覺進入霧中，將出生為無暇的凡夫。如果見到自己抵達豪宅或城市，或處於人群中，將得到尊貴的暇滿人身。

看到自己的父母在交合，如果對父親生起嫉妒、對母親生起貪戀，則將出生為男；如果對父親生起貪戀、對母親生起嫉妒則將出生為女。這二種情緒讓中陰身與父母親產生連接，入胎受生。

化生和濕生，因為一念貪或瞋，直接進入生處。

指出受生中陰教授的實用

從今天起，修行者應當運用一切方法，還滅猶如水輪流轉不止的十二因緣，以中斷恐怖的苦難。因此，從當下開始，就要熟悉前面反復說明的口訣要點。保持覺醒是無上的法寶，念念降伏自心，僅此一項就足夠了。蓮花生大士說：

> 有人懷疑中陰身爲什麼刹那認知自性，就能安住而得到解脫。回答如下：現在的心被業力習氣包住，業力習氣又被血肉色身包住，所以不得自在。當此身的色與心分離時，在風心及其化現被來世身體包住之前，並沒有任何物質

的支撐，所以心是獨立的，就能認知自性。僅憑這種認知就能安住而得度，
猶如火炬剎那能除萬劫暗。猶如現在接受直指心性的口訣，就能認知心性；
中陰身一旦認知心性，必能開悟。因此，從當下起，一定要熟悉教法。

發願尤其至關重要，它是在一切睡夢瑜珈及中陰修法的心要。換言之，要常保正念和決心，如此思維：「我現在的所作所為猶如夢幻！我已死亡，變成中陰身！現在的一切經驗全都是中陰身的經驗！我要運用中陰教法的要點！」具有如此的決心，將在中陰身時自在無礙。

但是，絕大部分凡夫是固執迷惑的，心想：「現在的一切經驗是真實的！它們是實際的！我並沒有死！」這樣的人，在中陰時肯定不會有任何的證悟機會。並且，從來沒有任何教法說貪戀現世能夠修行成功。因此，我們要精進修行，如密勒日巴（Milarepa）所教授：

吾唯畏懼死亡，
勤修不死心性；
輪迴本自解脫，

吾欲知其要義。
本覺自在清淨，
離戲論見堅固，
決證空性光明。
吾不再畏生死。

在現證本覺光明之前，要深信一切境相皆是自心的顯現，不管它有多可怕多怪異。至尊岡波巴（Gampopa）在《轉四敵為道用》（*Bringing the Four Enemies into the Path*）中的開示及其他此類教授，尤其重要。

如果已熟悉睡夢瑜珈的教法，並且已能隨意生起夢境、發展夢境，特別是精修淨土，那麼只要記住重點就能隨願成就。根據上面所說的，在大圓滿法的體系中，若想轉自己的世界為淨土，就必須修學自性化身淨土的不共道果，如此能夠快速無礙的成就無上菩提。空行剎土顛哇的修持也類似本「受生中陰法」。

無論如何，必須避免被現世的不良習氣所主宰，不要執著財物、親友、侍者等，也切勿對生前未了的工作或對好人壞人存有好惡念頭。

經典和其他書籍有很多故事證明這是十分重要的。因此，不要執著任何事物，要專注精進修持。

一旦抓取本覺光明之一，就很難再回轉。然而，不管當時看到的是什麼，例如來生父母，最好是安住在大手印的俱生智空境，或大圓滿的覺空境。這是關閉胎門的無上法門，稱為閉胎法。

如果缺乏這種能力，卻已經在正確的生起次第得到信心，因此能夠現起清淨幻身或顯空雙運智身，必然在中陰成就報身。新舊教派都這麼說。若想得到這種成就，就必須觀修生起次第的境、義、相。然而，當今時代，自認為是生起次第的修持者，大多以妄想出來的生起次第來觀修。他們只是為了治病、消除現世逆緣，或成就小功德而修持。反之，為求圓滿證悟而如法觀修本尊和真言者，實屬鳳毛麟角。因此，不要再以為這種妄想出來的生起次第可以在中陰得到解脫；事實上，這將使修行者以本尊的樣子出生為餓鬼。

如果正確了解生起次第，必然會將父母及其他貪、瞋和嫉妒的對象，觀想為雙運本尊。這也是遮止胎門的殊勝因。

如果為了轉生人道而修持，應該觀想自身及父母為本尊，入胎時住於五相現證或三儀軌（three rituals）等三摩地。這樣做，一定會所願皆滿。

至於修梵行的僧人，在看到受生緣的父母時，應嚴持戒律，斷除貪瞋的受、想、行。堅固的厭離和出離心也能關閉下三道的門。因此，當下應當串習出離心。

此外，如果沒有這些修持經驗，將受到各種中陰恐怖現象的追逐，強迫受生到下三途。當發生此種情況時，應向上師和三寶求救，至誠皈依。如能一心祈請，必可依靠他們的大慈悲力，遠離恐怖，受生為暇滿人身，修持佛法，在不久的將來開悟成佛。這些稱為閉胎而後入胎法。

如果不能以這些方法封閉胎門，還有擇胎法。總之，所有中陰口訣的要點都已經在上面介紹了。

此外，當一般人在臨終時，應讓他右臥。他人可以在臨終者頭部念誦加持過的經文，譬如佛號或陀羅尼等。根據某些教法，他人可以修「物頗哇法」（substance phowa）和使用加持過的三昧耶聖物等。總之，盡可能安排種種吉祥順緣，以救護眾生脫離惡趣。

死後，他人要修持金剛乘的清淨曼陀羅儀軌、大聲誦讀佛經、修超度淨治儀軌、授予灌頂，或焚燒靈牌等儀式。若能全部完成以上儀軌，憑藉無謬因果緣起力、諸佛大慈悲力、法性真實力，將產生無盡利益。

反之，不管主持法事者是否有正定，如果動作不如法或態度行為不清淨，因為死者有神通力會看到，就會有受生下三道的危險。所以清淨心是十分重要的。

特別是假借亡者的名義，宰殺牲畜作祭祀和捐獻，不僅無益，反而有大害。因為所有經續都提到這一點，所以命終後不可以把惡行和任何大小善行相混淆，這是十分重要的。對於修持功夫好的亡者，就不必在意是否為他們做法事了。如果生前沒有表明死後不需要這些法事，就說明他的修行只是表面工夫。鄔金（Orgyen）說過：

死前應勤修正法，

靈位[31]灌頂時已遲，

31 凡夫死後進行超度淨治儀軌時，寫上亡者姓名的紙牌位。

中陰流浪如餓犬，
思念善趣此時難。

尚仁波切（Shang Rinpoche）說：

受傷披鎧甲，
臨終悔惡行，
死後才灌頂，
豈不時已遲？

因此要善用此身精進修行。若將諸法濃縮為一個要點來修持，就可以融通無礙。帕當巴（Phadampa）說：

不懂佛法不衰損，
不修佛法才衰損。
有誰不識大明咒？
卻是有人不誦咒。

因此要精進實修。丹巴袞嘎（Dampa Künga）說：

如果肯實修，
口訣永不缺；
耳傳勿外求，
汝等定日巴！

因此，專心修持適合天性或嫻熟的法門，最佳結果是歡喜而亡，次佳者是無畏而逝，最少也可無悔而終。此即無上心要口訣。

結頌

嗟乎！

自無始以來，
沉淪生死海，
卻未覺疲倦。
我假修行者，
貪求現世樂；
祈三寶加持，
令吾心轉善。
寧捨自身命，
追逐不正法；
若論佛法行，
小苦亦不忍。
努力錯方向，

如瘋子跳河；
正法大老千，
充斥於世間，
請小心受騙。
吹噓學問深，
實則壞正法；
僞裝是君子，
壞事卻做盡。
此種惡風氣，
如絲綢包糞；
佛法受蒙蔽，
如落日餘暉。
有暇與財富，
猶如山中霧，
瞬間可消散；

人命如山溪，
湍急即流失；
汲汲又營營，
仿有百年壽；
當下好時機，
速爲死準備。
唯恐人不知，
拼命求功名；
唯恐老來餓，
囤財不嫌多；
爲成博學者，
努力且勤奮；
現已無時間，
成辦如此事。

嗟乎！

萬法如夢幻，
人生似聚沫，
應作如是觀。
一切不貪執，
離諸分別想，
安住本覺性，
即此生中陰，
修行之心要。

人生如朝露，
一切不可救；
死唯遍計執，
妄想之所生。
若不起分別，
消融於本覺；

即臨終中陰，
修行之心要。

執著有生滅，
分別善與惡，
皆是汝之心，
遍計所執性。
法身照萬法，
心即其自顯。
無執著分別，
不迎亦不拒；
即法性中陰，
修行之心要。

輪迴是汝心，
涅槃亦汝心；

苦樂等覺受，
不出汝自心。
八風吹不動，
自心善調伏；
即受生中陰，
修行之心要。

因汝之本覺，
從不離三身，
故無此來生，
亦無中陰身。
因未識此性，
中陰現混亂；
一切諸顯現，
應轉爲道用。

一切諸顯現，
逃避丟不了，
圍堵亦不止；
唯有識其性，
能斷惑因緣，
此即無上義。

依止上師尊，
於一切法要，
斷除諸疑惑；
盡形壽修持，
不疲復不厭，
成辦自他利。

「此四種中陰，
總攝第一義，

密咒之心要。
請釋其分齊，
及略攝要法。」
大願善男子，
如是作勸請，
故說如上義。

經教未聞思，
禪悟不曾有，
愚蠢若我者，
雖說如是語，
無力令他人，
歡喜或獲益，
唯知無不言，
言無不盡耳。

佛說經律論，
祖師所開示，
尚成蟲蟻穴，
吾此平庸說，
智者如何喜？

爲不負所請，
我盡全力釋，
寫下我所聞，
恩師之教導。

一切諸過錯，
吾今皆懺悔。
願以此功德，
迴向無邊際，
輪迴如母眾，

成就無上道。
願十方三世，
吉祥又美善，
佛說清淨法，
常照如火炬。

跋

噶丹孟南（Kalden Mönlam）（善願）護持薈供並請法：「我們需要詳細了解密乘新舊各教派的中陰教法，包括其顯現、過失、功德及修持。」但因為我缺乏聞思修，有限的所學也遺忘殆半，實在不能圓滿闡述。然而，我在這裡竭盡所能，根據讀過的少數經典，加上本人從幾位上師處聽聞的一些教法，寫下本文。

如果本文因我的愚鈍而有錯誤、矛盾、重複等過失，還望諸位具足教證智者海涵。

那措讓卓寫於吉祥廓倉巴寺（Glorious Götsangpa）閉關房。願善妙吉祥！

英譯後記

根據祖古烏金仁波切（Tulku Urgyen Rinpoche）和秋吉尼瑪仁波切（Chökyi Nyima Rinpoche）的明示，一九八六年由艾里克佩瑪坤桑譯於葛寧舍竹林（Ka-Nying Shedrup Ling）和那吉寺（Nagi Gompa）。

迴向

無始以來根本法界極清淨，
然有情不識基礎位顯現性，
因而徘徊流轉在中陰位境。
那措讓卓圓滿證悟四境界（four visions），
慈悲救度有情出離生死海，
善說此甚深祕法中陰共義，
出版法寶殊勝功德皆迴向。
祈願佛陀教法興盛普弘揚，
三界（three realms）一切有情同證四身果。[32]

32 此偈見於藏文本末，作者不詳。

附錄

大圓滿密續（the Dzogchen Tantras）

以下資料簡介無垢友尊者（Vimalamitra）、龍欽巴尊者（Longchenpa）、那窮堪布（Khenpo Ngakchung）三位大師對《四部心髓》（*Nyingthig Yabshi*）及相關論釋的開示。

大圓滿傳承的第一位人類持有者是格繞多傑（Garab Dorje）（極喜金剛），他集結了六百四十萬部大圓滿密續。他將這些教法傳授給其主要弟子文殊師利密渣（Manjushrimitra）（妙吉祥友），文殊師利密渣將這些教法分為大圓滿三部（Three sections of Dzogchen）：心部（Mind Section）、界部（Space Section）和口訣部（Instruction Section）。

文殊師利密渣大師的主要弟子是吉祥獅子（Shri Singha），他又把口訣部分為四部心髓：外（Outer）、內（Inner）、密（Secret）、極密（Innermost Unexcelled Cycles）。

極密部有十七部密續。加上說明一髻佛母儀軌的《忿怒一髻佛母續》（*Ngagsung Trömay Tantra*），共有十八部密續。根據蓮花生大士的傳承，若包括《大界廣博續》

（*Longsel Barwey Tantra*），就共有十九續。

這些密續教導有情如何修行和即身成就佛道。每部密續各成圓滿體系，不依賴其他密續。

1. *Dra Thalgyur Root Tantra*（藏文拼音sgra thal 'gyur rtsa ba'i rgyud）（《聲成就根本續》）：開示如何觀修聲音，以期證悟應化身，並利益他人。
2. *The Tantra of Graceful Auspiciousness*（藏文拼音bkra shis mdzes ldan gyi rgyud）（《妙吉祥續》）：教導如何建立覺性，如何識別迷亂根本及無謬智慧。
3. *The Tantra of the Heart Mirror of Samantabhadra*（藏文拼音kun tu bzang po thugs kyi me long）（《普賢心鏡續》）：開示如何辨別和斷除過錯，如何建立本具心性。
4. *The Blazing Lamp Tantra*（藏文拼音sgron ma 'bar ba'i rgyud）（《燃燈密續》）：教導如何識別覺性之「燈」、它們的術語、智慧生起的比喻、覺性的統一；如何破除對於本覺的謬見；如何實修。
5. *The Tantra of the Mind Mirror of Vajrasattva*（藏文拼音rdo rje sems dpa' snying gi me

long）（《金剛薩埵心鏡續》）：教導為何眾生皆為本覺的自顯？不同類型的眾生，如何通過二十一種直指教授證得智慧？進一步教導四種要訣和修法。

6. *The Tantra of Self-Manifest Awareness*（藏文拼音rig pa rang shar gyi rgyud）（《自顯覺性續》）：教導如何見、修、行。

7. *The Tantra of Studded Jewels*（藏文拼音nor by bkra bkod）（《摩尼寶續》）：開示如何斷除見、修、行、果的過失和歧路。

8. *The Tantra of Pointing-Out Instructions*（藏文拼音ngo sprod sprad pa'i rgyud）（《直指口訣續》）：描述如何通過各種指導，把覺性應用在實修中。

9. *The Tantra of the Six Spheres of Samantabhadra*（藏文拼音kun tu bzang po klong drug pa'i rgyud）（《普賢六界續》）：教導如何淨治和防止受生於六道，如何顯現本覺的任運大寶剎土。

10. *The Tantra of No Letters*（藏文拼音yi ge med pa'i rgyud）（《無字續》）：描述實修的實意，如何斷除造作和安住在無過失處，四種安住法、任運法和無垢實修方法。

11. *The Tantra of the Perfected Lion*（藏文拼音seng ge rtsal rdzogs kyi rgyud）（《無上獅子續》）：闡釋修道次第及其徵相顯現，如何令覺性穩固，如何提升覺受。

12. *The Pearl Garland Tantra*（藏文拼音mu tig phreng ba'i rgyud ）（《寶鬘續》）：教授如何使覺性成熟不退失方法，如何修持，如何達到嫻熟並解脫。

13. *The Tantra of Self-Liberated Awareness*（藏文拼音rig pa rang grol gyi rgyud）（《自解脫覺性續》）：教導為何覺性離造作但自解脫，如何駕馭顯現，如何串習金剛鏈，如何自在的從輪迴和涅槃解脫。

14. *The Tantra of Piled Gems*（藏文拼音rin chen spungs pa'i rgyud）（《聚寶續》）：闡釋為何一切顯現是虛空和覺性的精要。

15. *The Tantra of Shining Relics*（藏文拼音sku gdung 'bar ba'i rgyud）（《閃亮舍利續》）：描述覺性達到成熟時的內外徵相，這些徵相會在臨終和死後顯現，目的在促使他人產生無上信心。

16. *The Union of Sun and Moon Tantra*（藏文拼音nyi zla kha sbyor）（《日月和合

續》）：顯示有情死後所經歷的中陰過程；教導如何在此生中陰確知上師的口訣，如何在臨終中陰安住覺性，如何在法性中陰認知覺性成就解脫，必要時如何在受生中陰確保往生自性化身淨土，成就佛道，不再輪迴。

17. *The Tantra of Self-Existing Perfection*（藏文拼音rdzogs pa rang byung）（《自成圓滿續》）：教授如何經由四種灌頂成熟法器。

18. *The Tantra of the Black Wrathful Shri Ekajati*（藏文拼音dpal e ka dza ti nag mo khros ma'i rgyud）（《黑忿怒一髻母續》）：開示如何保護修行者不受外緣傷害。

無垢友尊者結合經教傳承和口訣傳承，並加以封藏，此即後世發現的心髓教法，又名毘瑪心髓（Vima Nyingthig）或無垢友秘密心髓（Secret Heart Essence of Vimalamitra，藏文拼音bi ma'i gsang ba snying thig）。龍欽巴尊者在五十一部《喇嘛仰兌》（*Lama Yangthig*）中有明確解說。

蓮花生大士把他的教法隱藏在極密心髓中，即為後世發掘的空行心髓。龍欽巴尊者在他的堪卓仰兌（Khandro Yangthig）中有明確的解說。此四部殊勝的大圓滿教授，連同龍欽巴尊者後加的甚深心髓教授，收錄在著名的《四部心髓》之中。

近年來，很多有緣的西方修行者從法王頂果欽哲仁波切、貝瑪諾布仁波切（Pema Norbu Rinpoche）、杜竹千仁波切（Dodrup Chen Rinpoche）得到完整的教授，也從其他上師獲得部分教授，包括蔣貢康楚仁波切的《大寶伏藏》（*Rinchen Terdzo*）和《密咒藏》（*Damngak Dzo*）。

詞彙解釋

本詞彙解釋有一部分來自對確吉尼瑪仁波切和祖古烏金仁波切提出的疑問，讓一般讀者可以粗略了解在翻譯過程中所使用的冷僻名相。譯者盡力避免個人的解釋，嚴格保持上師的言教。本詞彙解釋不做詳盡的解釋。對應的藏語也附上，好讓讀者了解藏語的深意。許多英語名相是專為本翻譯所創造的，可能與其他文章不同。（中譯註：本詞彙解釋依英文字母的次序排列，括弧內為藏文的羅馬字拼音或梵文的羅馬字拼音。）

- **accomplishments**（藏文拼音dngos grub，梵文拼音siddhi）：悉地。見「聖與共悉地」一詞。
- **accumulation of merit**（藏文拼音bsod nams kyi tshogs）：福德資糧。有分別的善行。
- **accumulation of wisdom**（藏文拼音ye shes kyi tshogs）：智慧資糧。為通達空性智慧所攝持的善行。
- **Acharya Nagarjuna**（藏文拼音slob dpon klu sgrub）：龍樹菩薩。一位偉大的印度哲

學論師。他被尊稱為「龍族上師」（Naga Master），因他曾經在龍宮為龍族說法，並將龍族保管的《大般若經》（*Prajnaparamita*）帶回人間。

- **Adi Buddha Samantabhadra**（藏文拼音mdod ma'i sangs rgyas kun tu bzang po）：普賢王如來。本初佛。

- **afflicted mind consciousness**（藏文拼音nyon yid kyi rnam shes）：末那識。阿毗達摩教法所用的名相，是八識之一，此識執持「自我」的想法，所有負面情緒的根本。也是八藏之一。

- **Akanishta realm**（藏文拼音'og min gyi zhing）：阿迦尼吒界。至高無上的佛陀淨土，或譯為「空行剎土」。（譯註：阿迦尼吒，意思是無上，故西藏密宗把阿迦尼吒界當作阿彌陀佛、阿閦佛或毗盧遮那佛的淨土。但在顯教中，「阿迦尼吒天」意譯為「色究竟天」，是色界最高的天。）

- **Akshobyha**（藏文拼音mi bskyod pa）：不動如來。金剛部的怙主。

- **all-accomplishing wisdom**（藏文拼音bya grub ye shes）：成所作智，五種智慧之一。

- **all-encompassing purity**（藏文拼音dag pa rab ’byams）：廣大清淨。所有構成情、器二界的蘊、處、大種等，就它們的清淨面來說，都是包含五方佛、佛母及諸本尊在內的清淨界。因此，當我們證悟諸法實相時，即使極微細的污染也不可得。這是新派極瑜伽續（Anuttara Tantra）與舊派三內續（Three Inner Tantras）的根本見地。詳請請見龍欽巴尊者的《除十方暗論》（藏文拼音*phyogs bcu mun sel*），由古美多傑（Gyurme Dorje）英譯。
- **all-encompassing purity of appearance and existence**（藏文拼音snang srid dag pa rab ’byams）：現有廣大清淨。大瑜伽、隨瑜伽、極瑜伽密續中使用的特別名相，意思是說諸法本性皆本自圓滿。
- **all-ground** （藏文拼音kun gzhi, alaya）：如來藏識。此名相在不同經典中有不同含義，要依據上下文來理解。字面含義是「諸法根本」。
- **all-pervasive suffering of being conditioned**（藏文拼音khyab pa ’du byed kyi sdug bsngal）：行苦。三苦中的第三苦。它存在於輪迴中的有漏五蘊相續。

- **amitabha**（藏文拼音snang ba mtha' yas）：阿彌陀佛。五佛之一；蓮花部怙主。
- **anu**（藏文拼音rjes su [rnal 'byor]）：隨瑜伽。大瑜伽、隨瑜伽、極瑜伽三內續的第二續。此續主要闡述本尊金剛身中的佛壇城，主要法門是有相圓滿次第。
- **Aperture of Brahma**（藏文拼音tshangs bug）：梵穴。位於頭頂上方，高於髮際八指的位置。
- **apparent luminosity**（藏文拼音snang ba'i 'od gsal）：顯光明。顯相的光明。相對於空光明（empty luminosity）。
- **appearance and existence**（藏文拼音snang srid）：顯有。任何能被感知和有可能存在的事物。通常指世界和眾生。
- **appearance, increase, and attainment**（藏文拼音snang mched thob gsum）：顯、增、得。臨終或入睡時，消融過程所經歷的三個階段。
- **ati**（藏文拼音shin tu [rnal 'byor]）：極瑜伽。三內續中的第三續，與大圓滿同義（梵文mahasandhi）。主要闡釋心性中的佛壇城，主要法門是無相圓滿次第，即立斷

（trekchö）與頓超（thögal）。

- **attainment**（藏文拼音thob pa）：得，三歷程顯、增、得的第三階段。
- **Avalokiteshvara**（藏文拼音spyan ras gzigs）：觀世音菩薩。①慈悲的化身②八大菩薩之一。
- **bardo of becoming**（藏文拼音srid pa'i bar do）：受生中陰。死後煩惱生起，顯現意生身，直到投生母胎前的這段時間。
- **bardo of dharmata**（藏文拼音chos nyid kyi bar do）：法性中陰。從臨終到受生中陰生起意生身的這段時間。
- **bardo of dying**（藏文拼音'chi kha'i bar do）：臨終中陰。患不治之症到三段消融次第結束的這段時間。
- **bardo of this life**（藏文拼音skye gnas kyi bar do）：此生中陰。從投生母胎，到患不治之症或遭遇不可逆轉之死因的這段時間。

- **bardo state**（藏文拼音bar do'i srid pa）：中陰身。通常指死亡和轉世之間的中間階段，但本書是用來指兩事物之間的「間隙」或「時段」。又譯為「中有」。
- **Bhumis**（藏文拼音sa）：地，十層菩薩階位。
- **Bindus**：明點。①紅和白二明點，②圓球或圓圈。
- **blackness**（藏文拼音nag lam）：黑道。顯、增、得的第三位，一種絕對的黑暗感覺。
- **blissful realm**（藏文拼音bde ba can, Sukhavati）：極樂世界，阿彌陀佛的淨土。
- **Bodhicitta**（藏文拼音byang sems, byang chub kyi sems）：菩提心。①為利益一切有情而發成佛的大願②紅、白明點。
- **Bodhicitta of application**（藏文拼音'jug pa'i byang chub kyi sems）：行菩提心，主要由六波羅蜜組成。
- **Bodhicitta of aspiration**（藏文拼音smon pa'i byang chub kyi sems）：願菩提心，主要由慈、悲、喜、捨四無量心組成。

- **Bodhisattva**（藏文拼音byang chub sems dpa’）：菩薩，為利益一切眾生而發菩提心的有情。
- **Bodhisattva trainings**（藏文拼音byang chub sems dpa’i bslab pa）：菩薩學處——菩薩律儀和菩薩行。
- **body of light**（藏文拼音’od kyi lus）：光明身，無礙五智光明身。
- **Bön**（藏文拼音bon）：苯教，佛教之前的西藏本土宗教。此名相用於負面意思時，意指用於追求世俗目標或自利的儀軌。
- **Buddha Shakyamuni**（藏文拼音sangs rgyas sha kya thub pa）：釋迦牟尼佛，歷史上的佛。
- **causal vehicles**（藏文拼音rgyu’i theg pa）：因乘——小乘和大乘。此類教法的重點是把修行道視為脫離輪迴或成就無上佛道的因。反之，果乘（金剛乘）視佛果為眾生本來具足，修行只不過是清除讓我們無法證果的暫時障礙而已。
- **channels, winds, and essences**（藏文拼音rtsa rlung thig le）：脈、風、明點。梵文作

Nadi, prana, and bindu，金剛身的組成元素。

- **Chetsun Senge Wangchuk**：傑尊僧格旺秋，偉大的寧瑪派上師。Chetsun 指「舌根尊貴」，意思說從來不妄語、惡口、綺語的人。這位尊者在西藏中部的Oyuk Lung地方，圓寂時示現五色虹光身，他把最後的言教大圓滿教法心髓傳授給空行母帕吉羅卓（Palgyi Lodrö）。幾個世紀後，主張無教派分別的上師蔣揚欽哲旺波（Jamyang Khyentse Wangpo），在一次清淨觀想中，回憶起他的前世是傑尊僧格旺秋（Chetsun Senge Wangchuk），空行母交還給他自己以前的教法。蔣揚欽哲旺波尊者把它們集結為《傑尊寧提》（*Chetsun Nyingthig*），也稱為《傑尊心髓》（*the Heart Essence of Chetsun*）。這是後世修行大圓滿極其重要的密續。

- **child luminosity**（藏文拼音bu'i 'od gsal）：子光明，修行者在當下禪修中生起的光明。見「母光明」。

- **Chöd**（藏文拼音gcod）：斷境法，發音為choe，字面意思是「切斷」。它是由空行母瑪吉拉準（Machik Labdrön）結集，以斷除四魔為目的。它是藏傳佛教八大修行傳承之一。

- **Chödruk**（藏文拼音chos drug）：六法，那洛六法 （the Six Doctrines of Naropa）。
- **Chökyi Nyima Rinpoche**（藏文拼音chos kyi nyi ma rin po che）：確吉尼瑪仁波切，位於尼泊爾加德滿都山谷中葛寧舍竹林寺住持，是祖古烏金仁波切的長子。
- **Chöyul**（藏文拼音gcod yul）：覺如派，斷境派的同義詞。
- **coemergent ignorance**（藏文拼音lhan cig skyes pa'i ma rig pa）：俱生無明——俱生指與自心同時生起或共存，如檀香木和它同時有的香氣；無明指不通達心性。
- **coemergent wisdom**（藏文拼音lhan cig skyes pa'i ye shes）：俱生智慧，一切有情本來具足的內在覺性。
- **common and supreme siddhis**（藏文拼音thun mong dang mchog gi dngos grub）：共勝悉地，通常指八種共同成就和大手印殊勝成就。
- **completion stage**（藏文拼音rdzogs rim）：圓滿次第——有相圓滿次第，指新譯各派（Sarma schools）的那洛六法或寧瑪派的隨瑜伽；無相圓滿次第，指新譯派的心性大手印法（Essence Mahamudra）和寧瑪派的大圓滿法（Dzogchen）。

- **confused experiences**（藏文拼音'khrul snang）：煩惱相，被凡夫視為實有的一切夢境般經驗。
- **culminated awareness**（藏文拼音rig pa tshad phebs）：通達覺性，大圓滿法四種境界中的第三種。
- **cultivating pure realms**（藏文拼音dag pa'i zhing sbyong ba）：薰習淨土，與夢瑜伽相關的一種修法。
- **Cutting**（藏文拼音gcod）：切斷，斷境法的同義詞。
- **cyclic existence**（藏文拼音'khor ba, samsara）：輪迴，意思是像陶瓷工的轉盤或水車的轉輪一樣，旋轉不已。比喻有情眾生在地獄、餓鬼、畜生、人、阿修羅和天人六道中永不停止的生死流轉。
- **daka**（藏文拼音dpa' bo）：勇父，已證悟的男性金剛乘修行者；也有更深層次的含義。
- **dakini**（藏文拼音mkha 'gro ma）：空行母，三根本之一，成就無上佛行事業的聖眾。

- **Dampa Kunga**（藏文拼音dam pa kun dga’）：當巴貢嘎，把印度希解派（Shije）教法傳到西藏的印度大師帕當巴桑耶（Phadampa Sangye）。
- **Demigod**（藏文拼音lha ma yin）：阿修羅，六道眾生之一。
- **development and completion**（藏文拼音bskyed rdzogs）：生起和圓滿，金剛乘修行的兩個主要法門。密續修行者結合生起次第的方便（有相），以及圓滿次第生起的智慧（無相），可以極快的成就無上覺悟。
- **Development Mahayoga**（藏文拼音bskyed pa ma ha yo ga）：生起大瑜伽，三內續的第一續，主修生起次第。
- **development stage**（藏文拼音bskyed rim, utpattikrama）：生起次第，金剛乘二修行法門之一，觀想清淨的圖像以淨化習氣。見「生起和圓滿次第」。
- **Dharani mantras**（藏文拼音gzungs sngags）：陀羅尼咒。具有不同功能的長咒。
- **Dharma-door**（藏文拼音chos kyi sgo mo）：法門，邁入成佛之道的特殊修持教法。

- **Dharma-mudra**（藏文拼音chos kyi phyag rgya）：法手印，四種手印之一。
- **Dharmadhatu**（藏文拼音chos kyi dbyings）：法界，與空性同義。此處，法指真實，界指遠離中或邊的空間。另一種意思是遠離生、住、滅的「法性」。
- **Dharmadhatu wisdom**（藏文拼音chos kyi dbyings kyi ye shes）：法界智，五智之一。
- **Dharmakaya**（藏文拼音chos sku）：法身，三身的第一身。
- **Dharmakaya luminosity of primordial purity**（藏文拼音ka dag chos sku'i 'od gsal）：本淨法身光明，大圓滿名相，指赤裸裸的覺性。
- **Dharmata**（藏文拼音chos nyid）：法性，萬法的本性。
- **Dharmata exhaustion beyond concepts**（藏文拼音chos zad blo 'das）：法性盡地，大圓滿境界的第四境界。
- **discriminating wisdom**（藏文拼音so sor rtog pa'i ye shes）：妙觀察智，五智之一。
- **dissolution stages**（藏文拼音thim rim）：消融（分解）次第，所有眾生在入睡和打噴噓等時刻，都會經歷身體和心理消融的過程。此處主要指死亡的過程。

- **dream**（藏文拼音rmi lam）：夢瑜伽，此處專指那洛六法中的一法。
- **Dzogchen**（藏文拼音rdzogs pa chen po, rdzogs chen）：大圓滿，超越因乘的教法，大持明極喜金剛最先於人間教授。
- **Dzogchen Nyingthig**：大圓滿心髓（the Heart Essence of the Great Perfection）。大圓滿的核心教導。此處特指由無垢友和蓮花生大士傳入西藏，後由龍欽巴尊者集結的大圓滿教法。
- **early spread of the teachings**（藏文拼音bstan pa snga dar）：前弘期，見「舊譯傳承」。
- **early translations**（藏文拼音sngar ’gyur）：舊譯傳承——在大譯師仁欽桑波（Rinchen Sangpo）之前翻譯成藏文的教法，時為西元九、十世紀藏王赤松德贊（Trisong Deutsen）和熱巴千（Ralpachen）在位期間。
- **eight Bodhisattvas**（藏文拼音byang chub sems dpa’ brgyad）：八菩薩，見「八大菩

薩」。

- **eight collections**（藏文拼音tshogs brgyad）：八聚識，八識。
- **eight common siddhis**（藏文拼音thun mong gi dngos grub brgyad）：八共悉地，八種世俗神通力。
- **eight consciousnesses**（藏文拼音rnam shes tshogs brgyad）：八識——阿賴耶識、末那識、意識及五根識。
- **Eight doors to samsara**（藏文拼音'khor ba'i sgo brgyad）：輪迴八竅——人體的八竅，不含頭頂的梵穴。
- **eight female Bodhisattvas**（藏文拼音byang chub sems ma brgyad）：八女菩薩——嬉女（Lasya）、鬘女（Mala）、歌女（Gita）、舞女（Nirti）、花女（Pushpa）、香女（Dhupa）、燈女（Aloka）和塗女（Gandha）。
- **eight freedoms**（藏文拼音dal ba brgyad）：八自在（無暇）——不墜三惡道、不生長壽天、不持邪見、不生邊地、非瘖啞、非生於無佛的時代。

- **eight main Bodhisattvas**（藏文拼音nye ba'i sras brgyad）：八大菩薩——地藏菩薩（Kshitigarbha）、虛空藏菩薩（Akashagarbha）、觀世音菩薩（Avalokiteshvara）、金剛手菩薩（Vajrapani）、彌勒菩薩（Maitreya）、除蓋障菩薩（Sarvanirvarana-vishkambin）、普賢菩薩（Samatabhadra）和文殊師利菩薩（Manjushri）。

- **eight objects**（藏文拼音yul brgyad）：八境，八識所緣之境：色境、聲境、香境、味境、觸境、意境、阿賴耶識境、顯境。

- **eight Practice Lineages**（藏文拼音sgrub brgyud shing rta brgyad）：八大修行傳承，盛行於西藏的八個獨立派別：寧瑪派（Nyingma）、噶當派（Kadampa）、馬爾巴噶舉派（Marpa Kagyü）、香巴噶舉派（Shangpa Kagyü）、薩迦派（Sakya）、六和合派（Jordruk）、能寂派（Shije）、斷境派（Chöd）。

- **eight siddhis**（藏文拼音dngos grub brgyad）：八大悉地，八種世間成就。

- **eight worldly concerns**（藏文拼音'jig rten chos brgyad）：八風——利、衰、毀、譽、稱、譏、苦、樂。

- **eighty inherent thought states**（藏文拼音rang bzhin brgyad cu’i rtog pa）：八十性妄——三十三種由瞋所生，四十種由貪所生，七種由癡所生。（詳見本書內文）
- **emancipation and omniscience**（藏文拼音thar pa dang thams cad mkhyen pa）：解脫及一切智，解脫輪迴及圓滿佛道。
- **empty luminosity**（藏文拼音stong pa’i ’od gsal）：空光明，非顯現的光明。
- **Eternalism**（藏文拼音rtag lta）：常見——極端認為有獨立、恆常、單一的自我、客體、造物主。
- **exhaustion of phenomena beyond concepts**（藏文拼音chos zad blo ’das）：法性盡地，大圓滿境界的第四境界。
- **existence and peace**（藏文拼音srid zhi）：存有和寂滅，輪迴及涅槃的同義詞。
- **experience of increase**（藏文拼音mched pa’i nyams）：增——顯、增、得三位的第二位，與「黑道」（Blackness）同義。

- **feast offering**（藏文拼音tshogs kyi ’khor lo, tshogs kyi mchod pa; Skt. ganachakra）：薈供，與上師、本尊或空行母三根本有關的密續儀軌。「薈」的字面意思是「聚集」——佛菩薩、修行者、供品和福慧二資糧聚集一起。
- **final enlightenment**（藏文拼音mthar thug gi byang chub）：究竟開悟，圓滿無上的佛道。
- **first bardo**（藏文拼音bar do dang po）：初位中陰，通常指「根（母）光明」顯現的時刻。
- **first luminosity**（藏文拼音dang po’i ’od gsal）：第一光明，本來清淨的根（母）光明。
- **five aspects of true enlightenment**（藏文拼音mngon byang lnga）：實證五相，生起次第觀想本尊的五相——月輪、日輪、種子字、標識和本尊圓滿身。
- **five Buddha aspects**（藏文拼音rgyal ba rigs lnga）：五佛相。見「五部如來」。
- **five Buddha families**（藏文拼音rigs lnga）：五佛部——佛部（buddha）、金剛部（vajra）、寶生部（ratna）、蓮華部（padma）和事業部（karma）。

- **five chakras**（藏文拼音'khor lo lnga）：五輪，金剛身中的五個脈輪。
- **five consorts**（藏文拼音yum lnga）：五明妃，五佛母。
- **five elements**：五大——地、水、火、風、空。
- **five families**（藏文拼音rigs lnga）：五部——①如「五部如來」，②五佛部。
- **five families of jinas**（藏文拼音rgyal ba rigs lnga）：五部如來——遍照如來（Vairochana）、不動如來（Akshobhya）、寶生如來（Ratnasambhava）、無量光如來（Amitabha）、不空成就如來（Amoghasiddhi）。
- **five female Buddhas**（藏文拼音rgyal ba yum lnga）：五佛母——虛空法界自在母（Dhatvishvari）、痲痲奇佛母（Mamaki）、佛眼佛母（Locana）、白衣佛母（Pandaravasini）、具誓度母佛母（Samayatara）。
- **five paths**（藏文拼音lam lnga）：五道——資糧道（accumulation）、加行道（joining）、見道（seeing）、修道（cultivation）和無學道（nonlearning）。五道涵蓋了從開始佛法修行到圓滿解脫的全部過程。

- **five poisonous kleshas**（藏文拼音nyon mongs pa dug lnga）：五毒煩惱，五毒。
- **five poisons**（藏文拼音dug lnga）：五毒——貪、瞋、癡、慢、妒。
- **five sense consciousnesses**（藏文拼音sgo lnga'i rnam shes）：五根識，能認知色、聲、香、味、觸五塵的五種功能。
- **five skandhas**（藏文拼音phung po lnga）：五蘊，構成有情身心的色、受、想、行、識五相。
- **five super knowledges**（藏文拼音mngon shes lnga）：五神通——神足通、天眼通、天耳通、宿命通、他心通。
- **five types of namjang**（藏文拼音rnam byang lnga）：五淨光，佛性的自然光明，一切眾生的自性。修行者如果認知這些光是自性的表相，就可以邁向解脫；反之，如果執著為身外之法，則會繼續在生死中輪迴。
- **five wisdoms**（藏文拼音ye shes lnga）：五智——法界體性智（dharmadhatu wisdom）、大圓鏡智（mirrorlike wisdom）、平等性智（wisdom of equality）、妙觀

察智（discriminating wisdom）、成所作智（all-accomplishing wisdom）。五種智慧是不可能分開或個別證得的。它們是同一顆寶珠的五面，或本覺的五種功能。

- **four activities**（藏文拼音las bzhi）：四事業——息、增、懷、誅。

- **four continents**（藏文拼音gling bzhi）：四部洲，圍繞在須彌山周圍的四大洲——東勝身洲（Superior Body）、西牛貨洲（Cow Enjoyment）、南贍部洲（Jambudvipa）、北俱盧洲（Unpleasant Sound）。人類生活在這四大部洲，但居住在北俱盧洲的人不適合修持佛法。

- **four empowerments**（藏文拼音dbang bzhi）：四灌頂——依據新派極瑜伽密續或寧瑪派三內續所說，四灌頂為寶瓶灌頂（vase empowerment）、秘密灌頂（secret empowerment）、智慧灌頂（wisdom-knowledge empowerment）、勝義灌頂（precious word empowerment）。接受這些灌頂的目的是被「成熟」，以獲准修行下面的四類金剛乘儀軌：

接受寶瓶灌頂後，即允許修學大瑜伽續（Mahayoga Tantra）的生起次第：顯空雙運。

接受秘密灌頂後，即允許修學隨瑜伽續（Anuyoga Tantra）上門的有相圓滿次第：明空雙運甚深道（the profound path）。

接受智慧灌頂後，即允許修學瑜無比伽續下門的有相圓滿次第：樂空雙運般若道（the phonya path）。

接受勝義灌頂後，即允許修學極瑜伽續（Ati Yoga Tantra）的大圓滿法：覺空雙運。

蓮花生大士在《智慧心要道次第論》（*Lamrim Yeshe Nyingpo*）中說道：

> 寶瓶灌頂淨化身與脈，爲金剛身和化身種子。
> 秘密灌頂淨化語與風，爲金剛語和報身種子。
> 智慧灌頂淨化意、明點，爲金剛心和法身種子。
> 勝義灌頂淨習氣、耶識，爲金剛智自性身種子。

- **four immeasurable**（藏文拼音tshad med bzhi）：四無量心——慈、悲、喜、捨。
- **four kayas**（藏文拼音sku bzhi）：四身——三身（法、報、化）加上自性身（Svabhavikakaya）。

- **four maras**（藏文拼音bdud bzhi）：四魔——死魔、天子魔、煩惱魔和五蘊魔。
- **four means of magnetizing**（藏文拼音bsdu ba'i dngos po bzhi）：四攝法——布施、愛語、利行、同事。
- **four mind-changings**（藏文拼音blo ldog rnam bzhi）：轉心四法——①暇滿難得②死歿無常③因果業力④輪迴過患。思維這四種生命實相，能策勵有情轉化心思趣入佛法修行。
- **four mudras**（藏文拼音phyag rgya bzhi）：四手印，密續修行的四種法門。
- **four sessions**（藏文拼音thun bzhi）：四座——清晨、上午、下午、夜晚。
- **four vidyadhara levels**（藏文拼音rig 'dzin rnam pa bzhi'i go 'phang）：四持明位，見「四持明」。
- **four vidyadharas**（藏文拼音rig 'dzin bzhi）：四持明，成就大瑜伽密續道四種果位的上師。四持明位是——異熟持明（Fully Matured）、壽自在持明（Life-Mastery）、大手印持明（Great Seal）、任運持明（Spontaneously Accomplished）。大瑜伽位等同於

十地菩薩位。

- **four visions**（藏文拼音snang ba bzhi）：四境界，四種大圓滿修行果位：法性現前境界（manifest dharmata）、覺受增長境界（increased experience）、覺性達量境界（awareness reaching fullness）、法性遍盡境界（exhaustion of concepts and phenomena）。大圓滿位（Maha Ati）等同於十地菩薩位。
- **fourth empowerment**（藏文拼音dbang bzhi pa）：第四灌頂，又名勝義灌頂（藏文拼音tshig dbang rin po che），見「四灌頂」。
- **free and well-favored human form**（藏文拼音dal 'byor gyi mi lus）：暇滿人身，具足八種有暇和十種圓滿的人身。
- **fruition of unity**（藏文拼音zung 'jug gi 'bras bu）：雙運果位——圓滿證悟，雙運金剛持位。「雙運」是指方便智慧雙運、顯空雙運、覺空雙運。蔣揚欽哲旺波仁波切說：「雙運是身和智慧和合所成的境界，身是具有諸相莊嚴的空性，智慧是不動的大樂心。」

- **fulfilled action**（藏文拼音las rab rdzogs pa）：勝業淨土，不空成就如來的淨土。
- **fully liberating samsara**（藏文拼音'khor ba yongs grol）：色究竟淨土，大日如來（毗盧遮那佛）的淨土。
- **Garab Dorje**（藏文拼音dga' rab rdo rje, Prahevajra/ Pramoda Vajra）：噶拉多傑，極喜金剛。大圓滿教法的始祖，獲金剛薩埵（Vajrasattva）的傳承。
- **general preliminaries**（藏文拼音thun mong gi sngon 'gro）：共前行，轉心四法。思維這些教法可令修行者趣入佛法修習。
- **giving and taking**（藏文拼音gtong len）：施受，將自己的善根福德施與他人，並承受他人煩惱憂傷的修菩提心法門。
- **Glorious Heruka**（藏文拼音dpal chen he ru ka）：勝樂金剛（大吉祥嘿嚕噶），五十八位忿怒本尊的主尊。
- **God**（藏文拼音lha）：天，此處指六道眾生之一。

- **Götsangpa**（藏文拼音rgod tshang pa）：廓倉巴，竹巴噶舉派的偉大上師。
- **grasping and fixation**（藏文拼音gzung 'dzin）：能所執，能取心和所取境二分。
- **Great Compassionate One**（藏文拼音thugs rje chen po）：大悲怙主，觀世音菩薩。
- **great perfection**（藏文拼音rdzogs pa chen po, mahasandhi/maha ati）：大圓滿，三內續的第三續，藏文簡稱Dzogchen。
- **great seal**（藏文拼音phyag rgya chen po）：大印，同「大手印」。
- **great upper directness**（藏文拼音yar gyi zang thal chen po）：大直接，無需經歷中陰位而直接證悟解脫。
- **greater and lesser vehicles**（藏文拼音theg pa che chung）：大小二乘，大乘和小乘。
- **ground luminosity**（藏文拼音gzhi'i 'od gsal）：根光明，同「母光明」。
- **ground luminosity of the first bardo**（藏文拼音bar do dang po gzhi'i 'od gsal）：初位中陰根光明，同「母光明」。

- **ground luminosity of the natural state**（藏文拼音gnas lugs gzhi'i 'od gsal）：法性根光明，同「母光明」。

- **Guhyamantra**（藏文拼音gsang sngags）：秘密真言，同「金剛乘」或「密續教法」。Guhya意思是秘密，既是被隱密，也是自密。Mantra在本文指卓越、殊勝或值得稱頌，同「密咒」。

- **Guru**（藏文拼音bla ma）：上師，精神導師，特指金剛乘的老師。

- **Guru Rinpoche**（藏文拼音guru rin po che）：上師仁波切——三世一切諸佛之體性、一切具力持明之頂嚴、一切寂靜和忿怒本尊之總集、一切勇父和空行母之怙主、威德殊勝超越一切金剛護法及法界一切傲慢有情之成就者、無盡三身諸上師剎土皆知之蓮花生大士。

蓮花生大士應文殊師利菩薩化身之赤松德贊法王（Trisong Detsen）的邀請，前往大慈大悲觀世音菩薩國土的雪域西藏。他降服一切惡魔，建立兼具藏族、漢族、印度三種風格的「三樣寺」（桑耶寺），桑耶寺的藏文含義為「吉祥紅岩、思量無際、不變頓成的神殿」，供奉佛像，鮮花遍佈。他奠定了弘揚和實踐佛法的偉大傳承，特別是他大轉金剛乘法輪，傳授了無數的密續、經綸和口訣。大士曾親臨所有的雪山、巖洞和湖泊等聖地，予以加持，並隱藏了無數有名和無名的寶藏。他無量無邊的恩德，盡未來際，惠及全西藏中央和周圍地區。三昧耶！

- **Gyalwa Yang Gönpa**（藏文拼音rgyal ba yang dgon pa）：嘉華楊貢巴，竹巴噶舉派的上師。
- **Gyübum**（藏文拼音rgyud 'bum）：《十萬續》，《寧瑪十萬續》（*The Hundred Thousand Tantras of the Nyingma School*）。
- **hashang view**（藏文拼音ha shang gi lta ba）：和尚之見，漢傳佛教法師在西藏弘揚禪宗的見解。用於負面涵義時，是指「有止無觀」，缺乏智慧的觀照。
- **hearing lineage**（藏文拼音nyan brgyud）：聞傳承，師徒口授教法的傳承。
- **Heruka**（藏文拼音he ru ka, khrag 'thung）：嘿嚕嘎——在法性中陰時，顯現的忿怒尊或持明尊。

- **Hevajra Tantra**（藏文拼音kye rdo rje'i rgyud）：《喜金剛續》，極瑜伽的密續。
- **hundred sacred aspects**（藏文拼音dam pa rigs brgya）：百部本尊，四十二位寂靜本尊和五十八位忿怒本尊。
- **ignorant aspect of the all-ground**（藏文拼音kun gzhi ma rig pa'i cha）：如來藏識無明分，同「俱生無明」。
- **illusory body**（藏文拼音sgyu lus）：幻身，那洛六法之一。
- **increase**（藏文拼音mched pa）：增上，顯、增、得三相的第二相。
- **increased experience**（藏文拼音nyams snang gong 'phel）：覺受增長境界，大圓滿教法四境界的第二境界。
- **inner path of Vajrasattva**（藏文拼音rdo rje sems dpa' khong seng gi lam）：金剛薩埵內道，法性中陰最後的覺受之一。
- **innermost unexcelled cycle of Nyingthig**（藏文拼音yang gsang bla na med pa'i snying

thig gi skor）：極密無上部，吉祥獅子所傳大圓滿四口訣部的第四部，見附錄。

- **instruction section**（藏文拼音man ngag gi sde）：口訣部，妙吉祥友尊者所傳大圓滿法的第三部。
- **intermediate existence**（藏文拼音bar ma do'i srid pa）：中陰身，一般指臨終到投生之間的時間。
- **Jambudvipa**（藏文拼音'dzam bu gling）：南贍部洲，圍繞須彌山（Mount Sumeru）四周、四大部洲的南部洲，一般指我們現在所認知的世界。
- **Jampal Shenyen**（藏文拼音'jam dpal bshes gnyen）：妙吉祥友，梵文Manjushrimitra。他是印度的大班智達，後來成為極喜金剛的上首弟子。根據歷史文獻，妙吉祥友是印度那爛陀佛教大學德高望重的大論師。極喜金剛提倡超越因果（因乘）的新法門，聲望傳到了那爛陀寺（Nalanda），令那爛陀寺的班智達們感到憤怒。他們不容許這樣的邪師誤導眾生，派遣代表團到菩提迦耶西北部的烏仗那國，來駁斥極喜金剛的邪見。妙吉祥友向極喜金剛挑戰，試圖在辯論中擊敗極喜金剛，卻失敗了。現在，妙吉祥友相信了超越因果的新法門，為自己試圖駁斥大圓滿法的行為深感後悔，於是要割掉舌頭以避免未來再犯錯。極喜金剛察覺他的心思，對他說：「如果讓大圓滿正法宏傳於世，就能夠清淨你的罪障；但即使割掉自己的舌頭千遍，都無濟於事。」妙吉祥友後來寫出著名的《修證六要》（*Six Experiences of Meditation,* 藏文拼音*Gomnyam Drukpa*），並弘揚大圓滿教法。他最後的證量與極喜金剛相等。

- **jina**（藏文拼音rgyal ba）：勝者，佛陀，降服四魔的有情。
- **jina mandalas**（藏文拼音rgyal ba'i dkyil 'khor）：勝者曼陀羅，五方佛壇城。
- **Jnanasutra**（藏文拼音ye shes mdo）：支那那修多羅——吉祥獅子尊者的弟子，早期大圓滿傳承的印度祖師，與無垢友尊者亦師亦友。
- **Jonangpa**（藏文拼音jo nang pa）：覺囊巴，傑尊多羅那札（Jetsun Taranatha）尊者的別名。
- **Jordruk** （Six Unions）（藏文拼音sbyor drug）：六和合，八大修行傳承之一，六和合源於時輪金剛傳承。

- **Kalachakra**（藏文拼音dus kyi 'khor lo）：時輪金剛，由釋迦牟尼佛傳出的密續和金剛乘法脈，後來被保存於香巴拉王國（the kingdom of shambhala）。
- **Kama**（藏文拼音bka' ma）：教授——寧瑪派的口訣傳承，由上師傳給弟子，主要是蓮花生大士在西藏時期譯出的教法。
- **Kangyur**（藏文拼音bka' 'gyur）：甘珠爾，釋迦牟尼佛的「翻譯教法」，藏文共有一百零八函。
- **karma**（藏文拼音las）：業，字面意思是「行為」。一般是指「善有善報，惡有惡報」的因果律。唯有證悟無我空性，才能超脫輪迴業力，之後一切行為都是「無染的」，顯現為饒益有情的應化身。
- **karma family**（藏文拼音las kyi rigs）：事業部，五佛部之一。
- **karma-mudra**（藏文拼音las kyi phyag rgya）：事業手印，四種手印之一。
- **karmas and Kleshas**（藏文拼音las dang nyon mongs pa）：業和惑，這兩者組成了四聖諦中的集諦。

- **karmic bardo of becoming**（藏文拼音srid pa las kyi bar do）：受生業力中陰，自意生身出現至投生母胎之間的這段時間。
- **kaya**（藏文拼音sku）：身，字面意思是「許多性質的具體化」。例如，法身是十力、四無畏等一切佛智「性質」之「身」。
- **kayas and wisdoms**（藏文拼音sku dang ye shes）：身與智，四身和五智。
- **Khachö**（藏文拼音mkha’ spyod）：空性剎土，能夠往生淨土的成就，亦指金剛瑜伽母的淨土。
- **kleshas of the five poisons**（藏文拼音dug lnga’i nyon mongs pa）：五毒煩惱，見「五毒」。
- **kleshas**（藏文拼音nyon mongs pa）：煩惱，紛擾的情緒，見「五毒」。
- **kriya**（藏文拼音bya ba [rgyud]）：事部（續），三外續的第一續。
- **kriya, charya, and yoga tantras**（藏文拼音bya rgyud, spyod rgyud, rnal ’byor rgyud）：事續、行續、瑜伽續，寧瑪派九乘教法中的三外續。

- **Kyotön Sönam Lama**（藏文拼音skyo ston bsod nams bla ma）：索南喇嘛，瑪吉拉準（Machil Labdrön）（女瑜伽士）的根本上師。
- **Lamdre**（藏文拼音lam 'bras）：道果，薩迦派（the Sakya School）的主要教法。
- **Land of Snow**（藏文拼音gangs can gyi yul）：雪域，西藏。
- **Later Translation Schools**（藏文拼音phyi 'gyur）：新譯派，包括噶舉派（Kagyu）、薩迦派（Sakya）和格魯派（Gelug）的新教派。
- **level of omniscience**（藏文拼音thams cad mkhyen pa）：一切智，圓滿佛果。
- **liberation**（藏文拼音thar pa）：解脫，從輪迴中解放出來。
- **liberation and omniscience**（藏文拼音thar pa dang thams cad mkhyen pa）：解脫及一切智，從生死輪迴中解脫和圓滿證悟佛果。
- **life-power vidyadhara**（藏文拼音tshe dbang rig 'dzin）：壽自在持明，四種持明位的第二位。

- **Lojong**（藏文拼音blo sbyong）：修心法，舊噶當派的大乘禪修法門，由阿底峽吉祥燃燈智（Atisha Dipamkara）傳入西藏。
- **long lineage of Kama**（藏文拼音ring brgyud bka’ ma）：教誡長傳承，見「教授」（Kama）。
- **Longchenpa**（藏文拼音klong chen pa）：龍欽巴尊者，偉大的寧瑪派上師和論師。
- **Lord Nagarjuna**（藏文拼音mgon po klu grub）：龍樹尊者，見「龍樹菩薩」（Acharya Nagarjuna）。
- **Lord of Death**（藏文拼音gshin rje）：死主，無常和因果不虛的人格化。
- **Lotus Mound**（藏文拼音pad ma brtsegs pa）：蓮花山，阿彌陀佛的淨土。
- **luminosity dissolving into union**（藏文拼音’od gsal zung ’jug la thim pa）：光明融入雙運，法性中陰時的一個消融階段。
- **luminosity manifestations of spontaneous presence**（藏文拼音lhun grub ’od gsal gyi

snang ba）：任運光明顯現。法性中陰時的顯現。

- **luminosity of appearance**（藏文拼音snang ba'i 'od gsal）：顯光明，顯、增、得三相的第一相。
- **luminosity of the first bardo**（藏文拼音bar do dang po'i od gsal）：初位中陰光明，同「母光明」。
- **luminosity**（藏文拼音'od gsal）：光明，字面意思是「遠離無明黑暗和具有證知能力」。它有兩種——一是猶如晴空萬里的「空光明」，二是猶如五色光影的「顯光明」。
- **luminous bardo of dharmata**（藏文拼音chos nyid 'od gsal gyi bar do）：光明法性中陰，死後到受生中陰出現意生身的這段時間。
- **luminous dharmakaya**（藏文拼音'od gsal chos kyi sku）：光明法身，見「法身」。
- **luminous heart essence**（藏文拼音'od gsal rdo rje snying po）：光明心髓，大圓滿的口訣部，見附錄。

- **Lung Anu Yoga**（藏文拼音lung anu yoga）：隨瑜伽，三內續（the three inner tantras）的第二續，主修圓滿次第。
- **Machik Labdrön**（藏文拼音ma gcig lab sgron）：瑪吉拉準，教授斷境法門的偉大女性成就者。
- **Madhyamika**（藏文拼音dbu ma）：中觀，中道，大乘佛教的最高見地。
- **Maha**（藏文拼音[rnal ’byor] chen po）：大瑜伽，三內續的第一續。強調自身及情器二界淨分的佛曼陀羅，主修生起次第。
- **Maha Ati**（藏文拼音rdzogs chen）：極瑜伽，三內續的第三續，絕大部分與大圓滿雷同。
- **Mahamudra**（藏文拼音phyag rgya chen po）：大手印，新派（the Sarma schools）金剛乘根本見地的教授傳承。
- **Mandala**（藏文拼音dkyil ’khor）：曼陀羅，字面意思是「中心與四周」，但依上下文而定，通常指本尊及其周圍環境。

- **manifest dharmata**（藏文拼音chos nyid mngon sum）：法性現前境界，大圓滿法四境界的第一個。
- **Manjushrimitra**（藏文拼音'jam dpal bshes gnyen）：曼殊師利星哈（Jam Shenyen），意譯「妙吉祥友」，大圓滿傳承的印度上師，極喜金剛尊者的弟子。
- **Mantrayana**（藏文拼音sngags kyi theg pa）：真言乘——密咒乘或金剛乘。
- **Mantrika**（藏文拼音sngags pa）：咒師，金剛乘修行者。
- **marks and signs**（藏文拼音mtshan dpe）：相好，佛陀的三十二相和八十隨形好。
- **Marpa**（藏文拼音mar pa）：馬爾巴——偉大的西藏上師，其師那洛巴（Naropa）尊者把大手印和六法傳入西藏。詳見《馬爾巴譯師傳》（*The Life of Marpa the Translator*）（香巴拉出版社，一九八二年）。
- **Melong Dorje**（藏文拼音me long rdo rje）：梅隆多傑，寧瑪派口訣傳承的大上師。
- **Middle**（藏文拼音dbu ma）：中道，見「中觀」（madhyamika）。

- **Milarepa**（藏文拼音mi la ras pa）：密勒日巴，西藏偉大的上師，馬爾巴尊者（Marpa）的弟子，詳見《密勒日巴傳》（*The Life of Milarepa*）（香巴拉出版社，一九七七年）。
- **mind and space sections**（藏文拼音sems sde, klong sde）：心部和界部，大圓滿三部的前兩部。
- **mind consciousness**（藏文拼音yid kyi rnam par shes pa）：意識，論典所說八識（eight consciousnesses）之一，其功能是識別區分各類事物。
- **mind section of Dzogchen**（藏文拼音rdzogs chen sems sde）：大圓滿心部，大圓滿三部的第一部。
- **mind training**（藏文拼音blo sbyong）：心訓練，見「修心法」。
- **mirrorlike wisdom**（藏文拼音me long lta bu'i ye shes）：大圓鏡智，五智之一。
- **Mother luminosity**（藏文拼音ma'i 'od gsal）：母光明，法性地光明（ground luminosity），一切眾生本具的覺性。

- **Nadi**（藏文拼音rtsa）：脈，金剛身中風息流動的管道。
- **Nadi-knots**（藏文拼音rtsa mdud）：脈結，比喻金剛身脈中的雜染，會障礙風息的自由流動。
- **Nadi-wheel**（藏文拼音rtsa 'khor）：脈輪（chakras），一般指身體中的四輪或五輪。
- **Nagarjuna**（藏文拼音klu grub）：龍樹，偉大的印度哲學論師，見「龍樹菩薩」。
- **Nagi Gompa**（藏文拼音na gi dgon pa）：那吉寺，位於尼泊爾加德滿都附近，由祖古烏金仁波切住持。
- **Namjang**（藏文拼音rnam byang）：清淨，在本文特指證悟心性的法性光明。
- **Namo Guru**（藏文拼音bla ma la phyag 'tshal lo）：南無咕嚅（瑜伽唱誦），意指皈依上師！
- **Naropa**（藏文拼音na ro pa）：那洛巴尊者，噶舉派（the Kagyü Lineage）帝洛巴尊者的首席弟子，馬爾巴的根本上師。

- **natural bardo of this life**（藏文拼音rang bzhin skye gnas kyi bar do）：此生自然中陰，見「此生中陰」。
- **natural face**（藏文拼音rang zhal）：本來面目，心性。
- **natural nirmanakaya**（藏文拼音rang bzhin sprul sku）：自性化身，五部佛所化現的清淨化身淨土，如極樂淨土。
- **natural nirmanakaya realm**（藏文拼音rang bzhin sprul pa sku'i zhing）：自性化身淨土，五部佛的淨土。
- **natural sound of dharmata**（藏文拼音chos nyid kyi rang sgra）：法性自然音聲，法性中陰時經歷的一種體驗，佛性的本具金剛語。
- **New and Old Schools**（藏文拼音gsar rnying）：新舊二派——新派指噶舉派、薩迦派和格魯派；舊派指寧瑪派（the Nyingma）。
- **Nihilism**（藏文拼音chad lta）：斷見，字面意思是「斷滅見」。極端的斷滅見是指：無來生或因果業力，死後心識不存在。

- **Nirmanakaya**（藏文拼音sprul pa'i sku）：化身，應化身，三身的第三身。
- **Nirvana**（藏文拼音mya ngan las 'das pa）：涅槃——小乘的涅槃指修行者出離生死的解脫。佛陀無住大涅槃，既不著生死的有邊，也不住阿羅漢的寂邊。
- **noble and ordinary beings**（藏文拼音'phags pa dang so so skye bo）：聖者和凡夫——「聖者」或「尊貴者」指大成就者、菩薩和已經證得見道位（五道中的第三道）的阿羅漢。凡夫指尚未達到見道位的有情。
- **noble land**（藏文拼音'phags yul）：聖地，印度。
- **noble ones**（藏文拼音'phags pa）：聖者，見「聖者和凡夫」（noble and ordinary beings）。
- **nonapparent luminosity**（藏文拼音snag med 'od gsal）：無相光明——法性光明或空光明。
- **Nyang Ben Tingdzin Sangpo**（藏文拼音nyang dben ting 'dzin bzang po）：楊賓丹增桑波，無垢友尊者（Vimalamitra）和蓮花生大士（Guru Rinpoche）的親近弟子。後來轉

世為大伏藏師傑尊寧波（Jatson Nyingpo），本書作者策列那措讓卓的上師之一。

- **Nyime Namgyal**（藏文拼音gnyis med rnam rgyal）：《無二尊勝續》，一部密續的名稱。
- **Nyingma School**（藏文拼音rnying ma）：寧瑪派——主要的教法，於藏王赤松德贊到仁欽桑波（Rinchen Sangpo）之前，傳入藏地並譯出。教法的兩大類是口傳（kama）和伏藏（terma）。
- **objects of refuge**（藏文拼音skyabs yul）：皈依境——三寶、三根本和三身。
- **obscuration of conceptual knowledge**（藏文拼音shes bya'i sgrib pa）：所知障，執著能（subject）、所（object）、事（action）的微細障礙。
- **Old School of the Early Translations**（藏文拼音snga 'gyur rnying ma）：舊譯派，見「寧瑪派」（Nyingma School）。
- **Omniscience**（藏文拼音rnam mkhyen, thams cad mkhyen pa）：一切智——圓滿證悟或圓成佛道。

- **one instant of completed action**（藏文拼音bya rdzogs kyi skad gcig ma）：成事剎那，如彈指一瞬間，或指從初發菩提心（bodhicitta）到最後圓滿佛道（buddhahood）的這段時間。
- **oral lineage**（藏文拼音bka' ma）：口傳，見「教授」（kama）。
- **outer and inner tantra sections**（藏文拼音phyi nang gi rgyud sde）：外和內續部——三外續是事續（kriya）、行續（upa）和瑜伽續（yoga）。三內續是大瑜伽（maha）、隨瑜伽（anu）和極瑜伽（ati）。
- **Pacifier**（藏文拼音zhi byed）：能寂派，見「希解派」（Shije）。
- **Padma**（藏文拼音pad ma）：蓮花，見「蓮花生大士」。
- **Padmakara**（藏文拼音pad ma 'byung gnas）：蓮師，「蓮花生」，同「上師仁波切」。
- **painful bardo of dying**（藏文拼音'chi kha sdug bsngal gyi bar do）：臨終痛苦中陰，見「臨終中陰」。

- **Pandita**（藏文拼音mkhas pa）：班智達，有學識的上師或學者。
- **path and fruition**（藏文拼音lam 'bras）：道果，見「道果」（Lamdre）。
- **path of means**（藏文拼音thabs lam）：方便道，此處指那洛六法。此道要與大手印的解脫道結合修持。
- **path of the two stages**（藏文拼音rim gnyis kyi lam）：二次第——生起和圓滿二次第，金剛乘的方便和智慧。
- **paths**（藏文拼音lam）：道，成就解脫的五道或五階段：資糧道、加行道、見道、修道和無學道。
- **paths and bhumis**（藏文拼音sa lam）：道和地——五道和菩薩十地。
- **peaceful and wrathful ones**（藏文拼音zhi khro）：寂靜和忿怒本尊——四十二位寂靜本尊和五十八位忿怒本尊。
- **peaceful deities of vajradhatu**（藏文拼音zhi ba rdo rje dbyings kyi lha tshogs）：金剛界

寂靜尊，四十二位寂靜本尊——普賢王如來、普賢王佛母、五部如來、五部佛母、八男菩薩、八女菩薩、六能仁、四男門守護和四女門守護。

- **perfect recall**（藏文拼音mi brjed pa'i gzungs）：不忘總持——圓滿的憶持力，以不散亂為體性。
- **personal experience**（藏文拼音rang snang）：自顯，例如夢境，有時翻譯為「自我投射」或「自現」。
- **Phadampa**（藏文拼音pha dam pa）：帕當巴，把希解派（Shije）教法傳入西藏的印度大成就者。
- **phowa**（藏文拼音'pho ba）：頗哇法（遷識法），死時把亡者神識射到佛陀淨土的法門。
- **phowa of the celestial realm**（藏文拼音mkha' spyod 'pho ba）：空行剎土頗哇，頗哇法的一種。
- **practice lineage**（藏文拼音sgrub brgyud）：修持傳承——著重個人修持教法之

經驗的傳承，相對於弘揚經典的學術體系，見「八大修行傳承」（Eight Practice Lineages）。

- **Prahevajra**（藏文拼音dga’ rab rdo rje）：極喜金剛，大圓滿法的人間始祖，見「噶拉多傑」（Garab Dorje）。
- **Prajnaparamita**（藏文拼音shes rab kyi pha rol tu phyin pa）：般若波羅蜜多，「超越的智慧」，大乘觀空的教法。
- **Prana**（藏文拼音rlung）：風息，金剛身的「風」或氣流。
- **Prana-mind**（藏文拼音rlung sems）：風心——風指「業風」，心指凡夫的二取意識。
- **Pratimoksha**（藏文拼音so so thar pa）：別解脫戒——「個別解脫」，在家和出家修行者的七聚戒律。
- **Pratyekabuddha**（藏文拼音rang sangs rgyas）：辟支佛，證悟第二小乘圓滿果位的修行者。

- **precious buddha**（藏文拼音sangs rgyas dkon mchog）：佛寶，圓滿自利利他所成就的佛陀果位。
- **precious dharma**（藏文拼音chos dkon mchog）：法寶——真理，包含經典和實證。
- **precious ones**（藏文拼音dkon mchog）：珍寶、大寶——三寶。
- **precious Realms of spontaneous presence**（藏文拼音lhun grub rin po che'i zhing）：任運大寶剎土。法性中陰的最後境界。
- **precious sangha**（藏文拼音dge 'dun dkon mchog）：僧寶，具足智慧和解脫二功德的成就聖者。
- **precious sphere**（藏文拼音rin po che'i sbubs）：大寶界，同「任運大寶剎土」（precious realms of spontaneous presence）。
- **primordial protector**（藏文拼音mdod ma'i mgon po）：本初怙主，本初法身佛普賢王如來。

- **primordial purity**（藏文拼音ka dag）：本來清淨——眾生的本性原本清淨，不被迷惑和解脫所染垢。
- **profound and extensive teachings**（藏文拼音zab rgyas kyi chos）：深廣教法，同「經典（sutra）和咒語（mantra）」。
- **profound path**（藏文拼音zab lam）：甚深道，此處指大手印教法。
- **pure illusory body**（藏文拼音dag pa sgyu lus）：清淨幻身，本尊身。
- **rainbow body**（藏文拼音'ja 'lus）：虹光身——按照大圓滿頓超法（Thögal）修行，死亡時滅盡所有執著，組成色身的粗五大消融入本性、五色光（佛性的自然光），有時僅留下頭髮和指甲。
- **ratna family**（藏文拼音rin chen gyi rigs）：寶生部，五佛部之一。
- **Ratnasambhava**（藏文拼音rin chen 'byung gnas）：寶生佛，五部佛之一。
- **recognition**（藏文拼音ngo shes, ngo 'phrod）：認識，認識自心本性，見「祖古烏金

仁波切（Tulku Urgyen Rinpoche）導論」。

- **redness**（藏文拼音dmar lam）：紅道，顯、增、得微細消融次第的第二位。
- **refuge**（藏文拼音skyabs 'gro）：皈依，心歸於佛法僧三寶。
- **reminding-instruction**（藏文拼音gsal 'debs）：助念教授——此處指修行者臨終時，上師或親近法友在旁邊為其念誦認識本性的直指教授。
- **representations of body, speech, and mind**（藏文拼音sku gsung thugs rten）：身語意之象徵，譬如佛像、經典和佛塔。
- **ripened and freed**（藏文拼音smin grol）：見ripening and liberation。
- **ripening and liberation**（藏文拼音smin grol）：成熟及解脫——由灌頂（empowerment）得成熟，靠口訣（oral instruction）得解脫。
- **root guru**（藏文拼音rtsa we'i bla ma）：根本上師——傳授密法的灌頂和教授的金剛上師是共同根本上師，直指心性教授的上師是不共根本上師。

- **rupakaya**（藏文拼音gzugs sku）：色身——報身（sambhogakaya）和化身（nirmanakaya）。
- **rupakaya of spontaneous presence**（藏文拼音lhun grub kyi gzugs sku）：任運色身。法性中陰的顯現。
- **Sadhana**（藏文拼音sgrub thabs）：儀軌，生起次第所強調的密宗祈請文和過程。
- **Samantabhadra**（藏文拼音kun tu bzang po）：普賢王如來，本初法身佛。
- **Samantabhadri**（藏文拼音kun tu bzang mo）：普賢王佛母，普賢王如來明妃。
- **Samaya**（藏文拼音dam tshig）：誓句（三昧耶戒）——金剛乘修持（vajrayana practice）的神聖誓言或實修承諾。內容繁多，基本上，對外要保持與金剛上師和法友的和諧關係，對內要不中斷修行。
- **Samaya-mudra**（藏文拼音dam tshig gi phyag rgya）：誓句手印，四種手印之一。
- **Sambhogakaya**（藏文拼音longs spyod rdzogs pa'i sku）：報身，「圓滿受用身」。

三身、四身或五身之一。報身可從根（ground）、道（path）、果（fruition）三方面理解。根報身是心本具的智慧。道報身是樂、明、無念的光明本性。果報身可用五圓滿來定義，圓滿上師是具足三十二相八十隨形好的虹化身佛。圓滿眷屬是十地菩薩。處圓滿是位於五佛部淨土。法圓滿是大乘和金剛乘。時圓滿是「恆時相續循環」。

- **Sambhogakaya luminosity**（藏文拼音longs sku'i 'od gsal）：報身光明，法性中陰時的光明。
- **Samsara**（藏文拼音'khor ba）：輪迴，生命循環的存在狀態。
- **Sarma**（藏文拼音gsar ma）：見「新派」（New Schools）。
- **Sarma Schools of Secret Mantra**（藏文拼音gsang sngags gsar ma）：新派密咒。見「新派」。
- **secret cycle of luminosity**（藏文拼音'od gsal gsang skor）：光明秘密部，大圓滿口訣部之一。
- **secret empowerment**（藏文拼音gsang ba'i dbang）：秘密灌頂，四灌頂的第二灌頂。

- **secret mantra of the greater vehicle**（藏文拼音theg pa chen po'i gsang sngags）：大乘密咒，金剛乘是大乘的一部分。
- **seven aspects of union**（藏文拼音kha sbyor yan lag bdun）：七支和合，圓滿報身佛的七種功德——受用圓滿、和合、大樂、無自性、慈悲遍處、利生無閑、永住無滅。
- **seven kinds of vows of the pratimoksha**（藏文拼音so so thar pa'i ris bdun）：七眾別解脫戒，比丘、比丘尼、沙彌、沙彌尼、式叉摩那、優婆塞、優婆夷所守護的戒律。
- **Shakyamuni**（藏文拼音sha kya thub pa）：釋迦牟尼，歷史上的釋迦牟尼佛。
- **Shamatha**（藏文拼音zhi gnas）：奢摩他（止）——安止，讓心遠離散亂的禪修。
- **Shije**（藏文拼音zhi byed）：希解派——安住（能寂），帕當巴桑傑（Phadampa Sangye）傳入藏地的八大修行傳承之一。
- **short lineage of terma**（藏文拼音nye brgyud gter ma）：伏藏短傳，主要由蓮花生大士（Guru Rinpoche）埋藏，後來由伏藏師（tertön）取出的法寶。

- **Shravaka**（藏文拼音nyan thos）：聲聞，追隨佛陀的小乘修行者。
- **Shri Singha**：師利星哈（吉祥獅子）——大圓滿的祖師，蓮花生大士的根本上師。圓滿成就大圓滿的修持，他與古拉仁波切（Gura Rinpoche）是唯二圓滿證得「覺性顯現灌頂」的大師，能隨願轉化現象界。
- **siddha**（藏文拼音grub thob）：成就者，有成就的上師。
- **siddhis**（藏文拼音dngos grub）：悉地——有二種，勝悉地（supreme siddhi）是圓滿覺悟，共悉地（common siddhi）指八大神通。
- **sign luminosity**（藏文拼音brda'i 'od gsal）：喻光明，臨終中陰顯現的光明。
- **six classes of beings**（藏文拼音'gro ba rigs drug）：六道眾生——天、阿修羅、人、畜生、餓鬼、地獄眾生。
- **six doctrines**（藏文拼音chos drug）：六法——拙火（Tummo）、幻身、睡夢、光明、中陰、頗哇法。

- **six lamps**（藏文拼音sgron ma drug）：六燈——妥噶修法（Thögal practice）的關鍵術語，屬於大圓滿無上極密瑜伽部。
- **six million tantras**（藏文拼音rgyud 'bum phrag drug cu）：六百萬續，極喜金剛得自金剛薩埵的大圓滿密續。
- **six paramitas**（藏文拼音phar phyin drug）：六波羅蜜多——布施、持戒、忍辱、精進、禪定、智慧六種勝行。
- **six realms**（藏文拼音gnas ris drug）：六趣，見「六道眾生」。
- **six recollections**（藏文拼音rjes dran drug）：六隨念——有多種說法，最適宜的是：本尊隨念、道隨念、生處隨念、寂止隨念、上師口傳隨念、見隨念。
- **six syllables**（藏文拼音yi ge drug pa）：六字大明咒，觀音菩薩的心咒，嗡瑪尼唄咩吽（OM MANI PADME HUNG）。
- **six tantra sections**（藏文拼音rgyud sde drug）：六續部——事部、行部、瑜伽部三外續和大瑜伽、隨瑜伽和極瑜伽（ati）三內續。

- **Six Unions**（藏文拼音sbyor drug）：見六和合（Jordruk）。
- **sounds, colors, and lights**（藏文拼音sgra 'od zer gsum）：音聲色光——法性中陰的第一種顯現，屬於無為法。
- **space dissolving into luminosity**（藏文拼音nam mkha' 'od gsal la thim pa）：虛空融入光明，臨終中陰和法性中陰的分界點。
- **special preliminaries**（藏文拼音thun min gyi sngon 'gro）：不共前行——皈依、發菩提心、金剛薩埵真言、供曼陀羅和上師瑜伽。
- **splendorous realm**（藏文拼音dpal dang ldan pa）：具德淨土，寶生如來淨土。
- **spontaneous sound of dharmata**（藏文拼音chos nyid kyi rang sgra）：法性自然音聲，法性中陰初期顯現之一。
- **spontaneously present luminosity of the rupakayas**（藏文拼音gzugs sku lhun grub kyi 'od gsal）：色身任運光明，法性中陰顯現的光明。

- **stages of development and completion**（藏文拼音bskyed rdzogs kyi rim pa）：生起和圓滿次第，金剛乘的兩大修行法門。
- **statements and realization**（藏文拼音lung rtogs）：教證——聖者心中的教正法和證悟正法，它們是法寶的兩種品質。
- **suffering of change**（藏文拼音'gyur ba'i sdug bsngal）：壞苦，主要是上三趣（the three higher realms）的痛苦。
- **suffering upon suffering**（藏文拼音sdug bsngal gyi sdug bsngal）：苦苦，主要是下三趣（the three lower realms）的痛苦。
- **Sugata**（藏文拼音bde bar gshegs pa）：善逝，佛（buddha）。
- **Sugata-essence**（藏文拼音bde gshegs snying po）：如來藏，佛性的別名，一切眾生本具的覺性。
- **Sugatagarbha**（藏文拼音bde gshegs snying po）：善逝藏（the buddha nature），同如來藏、佛性。

- **Sukhavati**（藏文拼音bde ba can）：極樂淨土，阿彌陀佛（Buddha Amitabha）的淨土。
- **Sumeru**（藏文拼音ri rab）：須彌山，四大部洲中央的山。
- **summit of existence**（藏文拼音srid pa'i rtse mo）：頂界，四無色界最高一界，又名非想非非想處。
- **superior body**（藏文拼音lus 'phags po）：勝身洲，東方部洲。
- **supreme and common siddhis**（藏文拼音mchog dang thun mong gi dngos grub）：勝共悉地，解脫和各種世間成就。
- **supreme siddhi**（藏文拼音mchog gi dngos grub）：勝悉地，圓滿成就佛果。
- **sutra and mantra**（藏文拼音mdo sngags）：經咒，經指大乘（mahayana）和小乘教法（hinayana），咒指金剛乘（vajrayana）。
- **sutra and tantra**（藏文拼音mdo rgyud）：經續，同「經咒」。
- **Sutras**（藏文拼音mdo）：經，釋迦牟尼佛的開示和教導。

- **Svabhavikakaya**（藏文拼音ngo bo nyid kyi sku）：自性身（essence body）——本性身，有時稱為第四身，它是法、報、化三身的總集。
- **symbol, meaning, and sign**（藏文拼音brda' don rtags gsum）：喻、義、相——金剛乘教法的三個層面。例如，「喻」是人所畫唐卡上的寂靜和忿怒本尊，「義」是本尊所象徵的眾生本具佛性，「相」是本尊會自然在亡者法性中陰顯現。
- **symbolic attribute**（藏文拼音brda' rtags）：標幟，例如金剛杵或輪。
- **tantras**（藏文拼音rgyud）：續，佛以報身相宣說的金剛乘教法。
- **tantras, texts, and instructions**（藏文拼音rgyud lung man ngag）：續部、教部、口訣部，此處特指大瑜伽、隨瑜伽和極瑜伽三種教法。
- **tantric samayas of the vidyadharas**（藏文拼音rig 'dzin sngags kyi dam tshig）：持明密咒三昧耶，金剛乘修行者的承諾，見「誓句」（samaya）。
- **tantric sections**（藏文拼音rgyud sde）：續部——四續部或六續部。

- **Tashi Tseringma**（藏文拼音bkra shis tshe ring ma）：吉祥長壽女，西藏的女護法神。
- **Tathagata**（藏文拼音de bzhin gshegs pa）：如來，完全證悟的佛陀。
- **ten bhumis**（藏文拼音sa bcu）：十地，菩薩的十階位。詳情請見剛波巴大師（sGam.po.pa）著作《解脫莊嚴寶論》（*The Jewel Ornament of Liberation*）（香巴拉出版社，一九八六年）
- **ten riches**（藏文拼音'byor ba bcu）：十圓滿——五他圓滿是：有佛出世、宣說正法、教法住世、依法修行者、有慈悲開示正法的善知識。五自圓滿是：得人身、生於中國、諸根具足、正命、信仰三寶。
- **Terma**（藏文拼音gter ma）：伏藏，主要由蓮花生大士和移喜措嘉（Yeshe Tsogyal）為利益後世弟子而埋藏起來的教法。
- **Thögal**（藏文拼音thod rgal）：妥噶，頓超。與「且卻」（立斷）合稱大圓滿兩大主要法門。
- **three excellencies**（藏文拼音dam pa gsum）：三善——初善為發菩提心，主善為遠離

妄想分別，後善為迴向功德。修行必須涵蓋這三善。

- **three jewels**（藏文拼音dkon mchog gsum）：三寶——佛寶、法寶和僧寶。詳見創古仁波切（Thrangu Rinpoche）的著作《佛性》（*Buddha Nature*）（讓炯耶舍出版社，一九八八年）。
- **three kayas**（藏文拼音sku gsum）：三身——法身、報身、化身。
- **three mysteries**（藏文拼音gsang ba gsum）：三密——金剛身、金剛語、金剛意。
- **three poisons**（藏文拼音dug gsum）：三毒——貪、瞋、癡。
- **three realms**（藏文拼音khams gsum）：三界——欲界、色界、無色界。
- **three rituals**（藏文拼音cho ga gsum）：三儀軌，觀想本尊的三個步驟——種子字、特性、本尊。
- **three roots**（藏文拼音rtsa ba gsum）：三根本——上師、本尊、空行母。上師是加持根本，本尊是成就根本，空行母是事業根本。

- **three secrets**（藏文拼音gsang ba gsum）：見「三密」。
- **three sections**（藏文拼音sde gsum）：三部——大圓滿的心部、界部、口訣部。
- **three sets of precepts**（藏文拼音sdom gsum）：三律儀，見「三戒」。
- **three trainings**（藏文拼音bslab pa gsum）：三學——戒學、定學、慧學。
- **three vehicles**（藏文拼音theg pa gsum）：三乘——小乘、大乘、金剛乘。
- **three vows**（藏文拼音sdom pa gsum）：三戒——小乘的別解脫戒、大乘的菩薩戒、密乘的持明三昧耶戒。
- **three worlds**（藏文拼音’jig rten gsum）：三種世間——天界、人界和龍界（nagas）。
- **three yogas**（藏文拼音rnal ’byor gsum）：三瑜伽，本書指三內續。
- **three-thousandfold world system**（藏文拼音stong gsum gyi ’jig rten gyi khams）：三千大千世界——一千個須彌山和四大部洲乘以一千，再乘以一千，算至十億。
- **threefold excellence**（藏文拼音dam pa gsum）：

- **threefold faith**（藏文拼音dad pa gsum）：三信——淨信（admiring）、誠信（yearning）和不壞信（trusting faith）。
- **Tilopa**：帝洛巴——印度大成就者，那洛巴（Naropa）尊者的上師，噶舉派（the Kagyü lineage）的祖師。
- **transcendent knowledge**（藏文拼音shes rab kyi pha rol tu phyin pa, prajnaparamita）：般若智，離分別思維的智慧。
- **treasure lineages**（藏文拼音gter brgyud）：伏藏傳承，或稱嚴藏傳承。埋藏寶藏以便後世伏藏師（tertön）取出傳給弟子的傳承。
- **Treaties**（藏文拼音bstan bcos, shastra）：論，具教證的上師所造的論釋。
- **Trekchö**（藏文拼音khregs chod, cutting through）：立斷（且卻）——大圓滿兩大修行法門之一，另一個是頓超（妥噶）。
- **Tripitaka**（藏文拼音sde snod gsum）：三藏——經、律、論。

- **true joy**（藏文拼音mngon par dga’ ba）：現喜淨土，不動如來淨土。
- **true luminosity**（藏文拼音don gyi ’od gsal）：義光明，空光明。
- **true meaning**（藏文拼音nges don）：了義，與不了義（the expedient）或世俗義（the relative meaning）相反的究竟實義。
- **truly high**（藏文拼音mngon mtho）：增上生，上三趣。
- **Tsogyal**（藏文拼音mtsho rgyal）：措嘉——空行母移喜措嘉（Khandro Yeshe Tsogyal），蓮花生大士（Guru Rinpoche）的親傳弟子，她集結了蓮花生大士大部分的教授。
- **Tulku Urgyen Rinpoche**（藏文拼音sprul sku u rgyan rin po che）：祖古烏金仁波切——當代噶舉派和寧瑪派的上師，駐錫尼泊爾那吉寺。
- **Tummo**（藏文拼音gtum mo, chandali）：拙火，那洛六法之一。
- **twelve links of interdependence**（藏文拼音rten ’brel yan lag bcu gnyis）：十二緣起

支——無明（ignorance）、行（formation）、識（consciousness）、名色（name-and-form）、六處（the six sense bases）、觸（contact）、受（sensation）、愛（craving）、取（grasping）、有（becoming）、生（rebirth）、老死（old age and death）。十二支就像永不間斷惡性循環的輪子，把一切眾生束縛在生死輪迴中。

- **twenty-five panditas**（藏文拼音mkhas pa nyer lnga）：二十五班智達——從極喜金剛到蓮花生大士、無垢友、遍照護等二十五位大圓滿傳承上師。
- **two accumulations**（藏文拼音tshogs gnyis）：二資糧——福德和智慧資糧。
- **two kayas**（藏文拼音sku gnyis）：二身——法身和色身。
- **two profound stages**（藏文拼音zab mo'i rim pa gnyis）：甚深二次第。生起和圓滿次第。
- **two stages**（藏文拼音rim gnyis）：二次第，甚深二次第。
- **twofold purity**（藏文拼音dag pa gnyis）：二種清淨——自性清淨和離障清淨。
- **ultimate transcendent knowledge**（藏文拼音don dam shes rab kyi pha rol tu phyin

pa）：勝義智，見「般若智」。

- **ultimate truth**（藏文拼音don dam pa'i bden pa）：勝義諦——世俗諦的究竟本性，指一切法遠離生、住、滅。
- **unconditioned body of light**（藏文拼音zag med 'od kyi lus）：離緣光明身，同「虹光身」（rainbow body）。
- **unconditioned coemergent wisdom**（藏文拼音zag med lhan cig skyes pa'i ye shes）：離緣俱生智，見「俱生智慧」。
- **unexcelled enlightenment**（藏文拼音bla na med pa'i byang chub）：無上證悟，圓滿無上佛道。
- **unfailing interdependence of cause and effect**（藏文拼音bslu med rgyu 'bras kyi rten 'brel）：不壞因果緣起，世俗諦定律。
- **unified level of vajradhara**（藏文拼音zung 'jug rdo rje 'chang gi go 'phang）：雙運金剛持果位，同「圓滿覺悟」。

- **union dissolving into wisdom**
- ***Union of Sun and Moon Tantra***（藏文拼音nyi zla kha sbyor gyi rgyud）：《日月和合續》，大圓滿密續。
- **unity dissolving into wisdom**（藏文拼音zung 'jug ye shes la thim pa）：雙運融入智慧，法性中陰過程之一。
- **unpleasant sound**（藏文拼音sgra mi snyan）：聲難聞，須彌山北面的部洲。
- **upa**（藏文拼音gnyis ka）：行續，三外續（the three outer tantras）的第二續。
- **Vairochana**（藏文拼音rnam par snang mdzad）：毗盧遮那——①五佛之一，②赤松德贊（King Trisong Detsen）時期（西元九世紀）的大譯師遍照護。
- **vajra family**（藏文拼音rdo rje'i rigs）：金剛部，五佛部之一。
- **vajra master**（藏文拼音rdo rje slob dpon）：金剛上師，精通金剛乘（vajrayana）儀軌事相和教法理相的密續大師，修行者從這些上師接受續部教法。

- **vajra vehicle of secret mantra**（藏文拼音gsang sngags rdo rje'i theg pa）：密咒金剛乘，見「秘密真言乘」。
- **Vajradhara**（藏文拼音rdo rje 'chang）：金剛持，新譯派的法身佛。
- **Vajrasana**（藏文拼音rdo rje gdan）：金剛座——釋迦牟尼佛成道時，在菩提迦耶菩提樹下的「金剛座」。
- **vase empowerment**（藏文拼音bum pa'i dbang）：寶瓶灌頂，四種灌頂的第一個灌頂。
- **victorious ones and their sons**（藏文拼音rgyal ba sras bcas）：聖者父子——諸佛和諸菩薩。
- **vidyadhara**（藏文拼音rig 'dzin）：持明（knowledge-holder），智慧咒語的持有者。
- **vidyadhara level of spontaneous presence**（藏文拼音lhun grub rig 'dzin gyi sa）：任運持明位，法性中陰階位的一種。
- **Vima**：毘瑪，毘瑪那密渣（Vimalamitra）的簡稱。

- **Vimalamitra**（藏文拼音dri med bshes gnyen）：毘瑪那密渣——藏王赤松德贊（King Trisong Detsen）迎請入藏的大圓滿上師，意譯無垢友。
- **wheel of the twelve links of interdependence**（藏文拼音rten ’brel yan lag bcu gnyis kyi ’khor lo）：流轉十二支。見「十二緣起支」（twelve links pf interdependence）。
- **whiteness**（藏文拼音dkar lam）：白道，臨終中陰的一相。
- **whiteness, redness, and blackness**（藏文拼音dkar lam, dmar lam, nag lam）：白、紅、黑，伴隨顯、增、得三位出現的境相。
- **wind**（藏文拼音Hung）：見「風息」（prana）。
- **wisdom dakinis**（藏文拼音ye shes kyi mkha’ ’gro ma）：智慧空行母，證悟的女性。
- **wisdom dissolving into the vidyadhara (level) of spontaneous presence**（藏文拼音ye shes lhun grub rig ’dzin la thim pa）：智慧融入雙運持明位，法性中陰最後顯相之一。
- **wisdom of equality**（藏文拼音mnyam nyid ye shes）：平等性智，五智之一。

- **wisdom wind**（藏文拼音ye shes kyi rlung）：智慧風，本具智慧的顯現能力。
- **wisdom-knowledge empowerment**（藏文拼音shes rab ye shes kyi dbang）：智慧灌頂，四灌頂的第三個。
- **Yama**（藏文拼音gshin rje）：閻魔王，見「死主」。
- **Yeshe Tsogyal**（藏文拼音ye shes mtsho rgyal）：移喜措嘉，蓮花生大士最主要的女性弟子，其將蓮花生大士的教法以伏藏的方式保存起來。見「措嘉」（Tsogyal）。
- **yidam**（藏文拼音yi dam）：本尊——個人觀修的本尊，三根本中的成就根本。
- **yoga**（藏文拼音rnal ’byor）：瑜伽續——事部（kriya）、行部（upa）、瑜伽部（yoga）三外續（the three outer tantras）中的第三續。
- **yogin**（藏文拼音rnal ’byor pa）：瑜伽士，男性密續修行者。
- **yogini**（藏文拼音rnal ’byor ma）：瑜伽母——①女性密續修行者②法性中陰位（the bardo of dharmata）出現的女相化身。

策列那措讓卓大持明尊者入涅槃前的最終言教

隨時隨地，我都頂禮和皈依如同如意寶、無上慈悲的具格成就上師！恭敬祈請您的加持！

為達到無上覺悟境界，進入無上佛道之門，你必須放棄貪著此生！

你的父母、家人、朋友和其他人，將你的心引導到稍縱即逝的現世活動中，把你捲入無數臨時和最終的計畫，並提供各種貌似溫情的建議。你用這一切愚弄自己，只會帶來各種各樣的修行障礙而已，所以千萬不要聽他們的話！

除了具格上師，你找不到任何人可以真正給你精神上的建議。如果你想真正的修行佛法，你必須趕快為自己的死亡做準備。除此之外，喜歡很多臨時和最終計畫的人，都無法成為佛法修行者。人們也許表面上裝著取悅他人，其實只是證明他們的內心被魔佔據而已。

篤信佛法和上師！住到深山和無人山谷！放棄執著食、衣等等短暫享樂！切斷與親密家人的關係！拋棄所有虛偽的奉承和操控！專注在上師的教法！這樣做，你的佛法修行必能清淨。

總體上說，現代人在魔的掌控中。特別是善變和懶惰的女士們，她們不遵循上師的教導，只聽家人的話。因此，她們絕對推遲了現在本該做的事：佛法修行的學習和實踐。她們困於毫無意義的世俗活動，向親友叩頭等等。因此，要抓住「繩子到鼻子的高度」，別聽其他人的話！

確實記住隨時都會死。了知沒有時間可以浪費，就要全力修行！

父母恩只能通過佛法修行來報答，用世俗成就來回報是無益的。上師恩只能用禪修來報答，其他無效！

你只能通過菩提心和發願來利益眾生；相較之下，其他任何即刻行動就利益不大了。誓句和三昧耶戒（bodhichitta resolve）對你十分重要，除非你用良心作證明，否則只變成偽君子，即使表面裝得道貌岸然。

請留在幽谷和深山裡，因為任何修行者在人群中修行，都會陷入層出不窮的泥淖中。如果你不能控制自己的內心，即使你許下很多承諾，受了很多戒（take many vows），結果也不會有任何益處可言。

除非你認識本具覺性「一通百通」（knowing one thing liberates all）的關鍵點，不然在毫無止境的「重要」資訊中，你將不會找到任何真理。

總結一切重點：多想想「我肯定會死」，將加速你的修行計畫！由於上師是你唯一的希望，所以要誠心誠意的祈請上師！你所遭遇的一切苦樂，都是以前造業的果報，所以不要計畫太多！恭敬一切好人、壞人和不好不壞的人，謙卑謙卑再謙卑！

培養中道清淨見（impartial pure perception），不要看輕別人！承認自己的錯誤，不要想別人的缺點！因為一切教法的重點都在心，所以要時常省察內心！

拋開一切成見，開放行雲流水般的心性！確知一切經驗都是心性的遊戲，不要嘗試增善或除惡！

所有經驗都是你的心，這個來去自在的心就是三身上師（the trikaya guru）。這位上師與你的本覺（natural awareness）不可分割，它能觀照一切出現和存在的世界。

三界唯心造，萬法唯識現。「究竟見」（ultimate view）就是要見到赤裸裸的心；「禪修」（medition training）就是為了要安住在心性上，「禪修中的知」（ensuing cognition）就是要觀到念頭的生起，「後禪修」（post-meditation）（禪修得到的知）就是要認識到念頭是心的投射；「行」（conduct）就是要行走坐臥四威儀都與心性打成一片。

禪修和「後禪修」不分就是要遠離散亂，哪怕是一秒鐘的分心或迷惑都不可以，不管心靜如水或妄想生起都不受干擾。當修行圓滿時，外境和內心、自我和他人、歡樂和痛苦、敵人和朋友、愛和恨都是不分的。總之，「果」（fruition）就是永遠泯除所有二元對立的觀念。

當時，輪迴和涅槃融入法界虛空，你就證悟任運三身，這稱為「成佛」、「能所雙泯」或「成就悉地」。於是，生死自如，蛻身自在，大悲遍滿，任運成就。

總之，萬法的本因無非是當下的本覺。因此，至關重要的就是，無論是白天還是晚上，都要不間斷的安住本覺。

對於一切念頭，無論粗細，都要當成本覺的表現，不迎不拒，既不要分析，也不要跟隨。如果一個念頭突然生起，你就覺察，讓它生起吧！

當捲入追憶過去或臆想未來的妄念時，就要融入覺性。如果念頭揮之不去，也不需要找解藥，因為萬法自生自滅。無論發生什麼，都是內心的光芒。覺照是最重要的教授。

吾人天性會不假思索的反應。因此，不分晝夜都要安住於空性中，自在無礙，寂寂惺惺，掌握解脫的秘訣：一切境界都是法身，輪迴與涅槃不二，生滅同時。如果一生都能活在心境不二的覺性中，毫無疑問地當生必能成就「不退轉地」（stronghold of nanregression）。

無修無整棄世間法，所居處即佛國淨土。
無欺無僞誠心祈請，顯像悉皆上師壇城。
斬斷惡魔我執根本，永離障礙不幸魔鬼。
若知上師不離我心，合離假象任運崩毀。
但知本覺顯現輪涅，誰會經歷下三途苦？
若證本覺即淨法身，何須期望逃避道果？

母子光明舊識重逢，何須恐懼幻身崩塌？
死時死在本淨光明，活時活在無間禪修。
任憑比較經續口訣，覺悟心髓無過於此！
勝義教授即在此處！吾之遺教無非如此！
吾之弟子諸善知識，勿托空言宜知眞義！
自心必證本淨覺性，一剎那頃頓悟成佛！
本文若有絲毫功德，迴向如母眾生解脫！
祝吉祥如意（mangalam）！

ཡི་གེ་ཉི་ཤུ་ཙ་དྲུག་པ་འདི་དཔེ་ཆའི་ནང་དུ་བཞག་ན་དཔེ་ཆ་དེ་ཅི་འདྲར་
བགོམས་ཀྱང་ཉེས་པ་མི་འབྱུང་བར་འཇམ་དཔལ་རྩ་རྒྱུད་ལས་གསུངས་སོ།།

《文殊根本續》中提到，若置此二十六字咒於

法本當中，可免生跨行法本的過失。

Accoeding to the Root Tantra of Mañjuśrī, placing this

twenty-six syllables mantra in a dharma text can prevent

the faults of stepping on the text occurring.

正念明鏡——中陰成就無上密法

作　　者：策列・那措・讓卓（Tsele Natsok Rangdröl）
英　　譯：埃里克・佩瑪・昆桑（Erik Pema Kunsang）
中　　譯：鄭振煌
總 策 劃：釋了意
主　　編：釋寶欣
責任編輯：汪姿郡
美術編輯：藍閔釋
發 行 人：周美琴
出版發行：財團法人靈鷲山般若文教基金會附設出版社
地　　址：23444新北市永和區保生路2號21樓
電　　話：（02）2232-1008
傳　　真：（02）2232-1010
網　　址：www.093books.com.tw
讀者信箱：books@ljm.org.tw
總 經 銷：聯合發行股份有限公司
法律顧問：永然聯合法律事務所
印　　刷：鴻霖印刷傳媒股份有限公司
劃撥帳戶：財團法人靈鷲山般若文教基金會附設出版社
劃撥帳號：18887793
初版三刷：二〇二四年四月
定　　價：新台幣350元
ＩＳＢＮ：978-986-6324-97-0

國家圖書館出版品預行編目(CIP)資料

正念明鏡——中陰成就無上密法 /
策列 · 那措 · 讓卓(Tsele Natsok Rangdrol)作 ;
埃里克 · 佩瑪 · 昆桑(Erik Pema Kunsang)英譯 ; 鄭振煌中譯.
-- 初版. -- 新北市 : 靈鷲山般若出版, 2016.04
面 ;　公分
譯自 : The Mirror of Mindfulness: The Cycle of the Four Bardos
ISBN 978-986-6324-97-0(平裝)

1.藏傳佛教 2.生死觀 3.死亡

226.962　　105004508

靈鷲山般若書坊